Terapia Espinosa

Psicología del cambio para la personalidad narcisista

por Esteban Higueras Galán

Microfilosofia

Sello editorial: Ediciones Microfilosofía

ISBN: 979-13-990124-7-7
Edición: Mayo de 2026
Depósito Legal: MA 697-2026

Índice

Una nota necesaria sobre nuestra conversación:

Al leer este libro, notarás que me dirijo a ti directamente. Esta decisión no es casual ni busca restar seriedad al proceso. Como psicólogo, sé que para adentrarnos en descripciones dolorosas de tu personalidad (o de la persona con la que convives), no podemos escondernos detrás de la barrera protectora del texto académico. Para cambiar, necesitamos crear intimidad; necesitas sentir que te hablo a ti, de ser humano a ser humano, y no a un expediente.

El tono que emplearé será compasivo, pero cada afirmación está comprometida con el rigor científico. Te hablaré directo a tu experiencia vulnerable, utilizando lo demostrado por la ciencia psicológica moderna y por la epistemología, porque, al final del día, solo la verdad objetiva puede liberarte.

Sobre la ausencia de ejercicios prácticos

Es posible que eches de menos ejercicios conductuales o tareas programadas en estas páginas. He decidido omitirlos deliberadamente porque, en el tratamiento de la personalidad, las tareas genéricas suelen ser ineficaces en formato de libro y, a menudo, interrumpen el proceso de cambio real.

La transformación sostenida no surge de cumplir una lista de deberes, sino de la reflexión sentida y de la curiosidad que nos permite cuestionar nuestras defensas. El núcleo del trabajo terapéutico consiste en que logres construir nuevas creencias adaptativas que puedas aceptar y sentir como suficientes. Mientras que en una terapia presencial los ejercicios pueden ayudar en casos muy concretos, aquí solo dificultarían la reestructuración interna que estamos buscando. Este es un libro para entender, sentir y, por fin, cambiar.

Pero, ¿quiénes estamos leyendo este libro?

Aunque el tono de este libro es íntimo y directo, esta no es una conversación privada. En terapia y en las dificultades del desarrollo de la personalidad, el aislamiento es parte del problema, y la transparencia, el principio de un cambio positivo. Por ello, este libro está diseñado como una sala de terapia con las puertas abiertas, donde confluyen tres personas distintas. Dependiendo de quién seas tú al abrir estas páginas, tu experiencia será diferente:

1. Si eres quien sufre el vacío (El protagonista de este viaje):

La mayor parte del tiempo me dirigiré a ti de forma directa. Sé que estás cansado de que la literatura psicológica te trate como a un villano irredimible. Aquí no encontrarás juicios morales, sino un análisis de tu maquinaria interna. Te hablaré a ti para desmontar tus defensas, entender tu agotamiento y enseñarte a vivir sin la armadura que te está asfixiando. Este es tu proceso.

2. Si eres la pareja o has sufrido la convivencia con este vacío (El observador necesario):

Estás invitado a sentarte en esta sala y escuchar cómo hablo con la persona que te ha lastimado. Te advierto: no encontrarás aquí el consuelo fácil de llamar "monstruo" a tu abusador. En cambio, obtendrás algo útil: la realidad de cómo funciona su mente. Comprenderás la mecánica de su comportamiento sin autoengaños. A veces, me dirigiré a ti para darte herramientas de contención y límites (porque para que el sistema sane, tú debes aprender a protegerte). Usa este libro para dejar de intentar salvarlo y empezar a entender la realidad de a quién tienes enfrente.

3. Si eres terapeuta, profesional de la salud mental o teórico de la mente (El colega invitado):

Estás ante un manual transparente y directo. He escrito este texto hablándole directamente al sufriente para que puedas observar en tiempo real cómo sortear la hipervigilancia, la grandiosidad y las defensas del ego de un perfil narcisista. Te invito a tomar estas metáforas, este andamiaje neurobiológico y estas técnicas de confrontación empática, y llevarlas a tu propia consulta.

Este libro es terapia leída y puede ser un buen espacio de trabajo. En el ejercicio de la psicoterapia, existe una obligación ética y técnica: el consentimiento informado y la transparencia del encuadre. Para que una persona cambie, no basta con que asista a una sesión; necesita saber qué está haciendo el terapeuta, desde qué enfoque le habla y por qué se comporta como lo hace. Esa transparencia facilita el cambio porque elimina el misterio y otorga a la persona el control sobre su propio proceso de reconstrucción.

En este libro, para que cumpla su función de Biblioterapia (o inicio de tu futura terapia presencial), voy a cumplir esa misma obligación. Voy a mostrarte los engranajes de mi pensamiento y la estructura de mi método. No quiero que me creas; quiero que comprendas las ideas que hacen que el sistema funcione.

En una terapia personal, el psicólogo adapta sus palabras a tu historia, a tus gestos y a tus silencios; hay un acompañamiento físico. En este libro, ese acompañamiento ocurre de una forma distinta, ocurre a través de la identificación de ideas.

La palabra es solo el vehículo. Para que este libro te cure, no basta con que leas las frases; tienes que captar la idea a la que me refiero. Cuando hablo de vacío, no hablo de una palabra poética, hablo de una sensación biológica específica que tú conoces. La terapia escrita funciona cuando tú, al leer, traduces mis conceptos a tu propia experiencia. Si logras ver la idea detrás de mi palabra, el acompañamiento terapéutico se vuelve real para ti.

También es imperativo que sepas que en este libro no te ofrezco parches para que tu comportamiento te duela menos hoy. Para la personalidad narcisista, el alivio suele ser el enemigo, porque sirve para rellenar las grietas de una personalidad que necesita ser desmontada.

Esta es una terapia demostrada. Se basa en la evidencia de que el cambio estructural solo ocurre cuando se interviene en la raíz ontológica del sujeto. Te explico lo que significa esto. Mientras la autoayuda te pide que confíes o que te quieras, la terapia te exige que observes la mecánica de tu propio fallo. La autoayuda busca el consenso; la terapia busca tu verdad sentida. No voy a darte la razón para que te sientas validado; voy a confrontar tu sistema de creencias con la realidad de tu conducta y biología.

Aunque este libro utiliza un sistema propio, más sencillo de seguir y diseñado para evitar la fragmentación, su base está presente en los modelos actuales más eficaces en psicoterapia sobre el narcisismo: la Terapia de Esquemas es excelente para ayudar a aceptar los aprendizajes sociales de la infancia; la Terapia Cognitivo-Conductual de Tercera Generación es buena al usar técnicas de reestructuración de creencias, que son el siguiente paso a dar frente a conductas narcisistas; y la Terapia de Aceptación y Compromiso (ACT) ayuda a convivir con el malestar inicial de cambios a largo plazo.

En el mundo académico, estas terapias a menudo se presentan de forma aislada. Aquí, las he integrado en un sistema unificado. No te hablaré de siglas aisladas, sino de un flujo de cambio coherente diseñado específicamente para cambiar la personalidad narcisista.

Sobre la terapia que vas a iniciar. Para que sea efectiva, debes comprometerte con las reglas de esta intervención. Tu mente intentará saltarse las partes densas para llegar directamente a las soluciones. No se lo permitas.

Los dos primeros capítulos son teóricos y muy importantes para facilitar un cambio en la personalidad narcisista. Constituyen la demostración histórica y lógica de tu problema. Aquí es donde te explicaré cómo el narcisismo es, en gran medida, un producto del mundo moderno y de la Cultura del Simulacro. No es un ataque personal, es una crítica a la maquinaria social contemporánea que ha moldeado tu ego. Si no comprendes esta base, los ejemplos posteriores te parecerán cuentos.

El Capítulo 5 es el núcleo teórico de todo el libro. Contiene el conocimiento que debes sostener durante el resto del proceso. Sin el Capítulo 5, las soluciones de los capítulos finales no tendrán sentido; serán como intentar conducir un coche sin motor. Los capítulos finales son donde la teoría se aplica a la práctica. Solo si has comprendido las ideas anteriores, podrás ejecutar el cambio psicológico que te propones.

Advertencia sobre el Capítulo 1

Justo al iniciar el libro vas a leer descripciones que pueden parecer extremas, frías o de ciencia ficción. Es vital que conozcas todas las formas del narcisismo porque el ego es un maestro del escapismo. Si solo te muestro un disfraz, tu mente se pondrá otro para convencerte de que estás a salvo. No quiero que busques una fotografía exacta de ti mismo; quiero que busques el motor que hay debajo.

Si algo de lo que lees te indigna o te asusta, no huyas. Esa indignación es la prueba de que has contactado con una vulnerabilidad. La terapia efectiva duele porque desmantela lo que creías que era tu seguridad para darte -bastante después- seguridad real. No busques alivio en estas páginas; busca la verdad. La salida de tu laberinto no requiere velocidad, requiere la precisión de quien se atreve a mirar su propio vacío.

Finalmente, quiero hacerte una aclaración sobre el formato de este texto. Si hojeas estas páginas, notarás la ausencia de las tradicionales notas al pie de página que suelen estar en textos clínicos o filosóficos. Esta es una decisión consciente y tomada desde el respeto al proceso que estás a punto de iniciar.

Entiendo este libro como "terapia leída" o biblioterapia. Y, al igual que en mi consulta no interrumpo tu llanto o tu reflexión para citarte un número de página, aquí tampoco voy a interrumpir tu lectura. Mi prioridad es tu conexión inmersiva con lo que estás sintiendo al leer; no quiero sacar a tu mente de la emoción para llevarla al pie de la página.

Sin embargo, que la teoría no interrumpa el texto no significa que no exista. Para las personas en búsqueda de un cambio que necesitan comprender la mecánica de su terapia, y muy especialmente para los colegas terapeutas y teóricos de la mente, he incluido un **Glosario de Términos y Anexos** al final del libro. Podéis asomaros allí al terminar, o cuando lo necesitéis, para investigar, profundizar y seguir indagando en las raíces filosóficas y en la investigación científica, neurobiológica y de evidencia terapéutica que sostiene este texto. La teoría y la bibliografía están ahí, esperando en silencio, para no estorbar el latido de nuestra conversación principal.

Vale, sea cual sea la razón por la que tienes este libro en tus manos, el objetivo es el mismo: desaprender el miedo a través de la verdad objetiva. Pasemos a la primera sesión.

PARTE I: LA ANATOMÍA DEL VACÍO

(Diagnóstico y sociedad)

Adentrarse en la «Anatomía del vacío» es un acto de valentía que puedes hacer por ti mismo en este momento. Durante años, la sociedad moderna y los manuales clínicos tradicionales nos han mostrado el narcisismo desde la distancia, el juicio moral estricto o el miedo. Nos han convencido de que estamos ante un problema de exceso de amor propio, de vanidad desmedida o de pura tiranía. Pero en esta primera parte de nuestro viaje, vamos a desmantelar esa mentira histórica.

Aquí no vas a encontrar un tribunal diseñado para condenarte, ni un glosario médico para demonizar a la persona que te ha causado dolor. Lo que haremos será analizar con objetividad la raíz del sufrimiento humano. Vamos a explorar la arquitectura de ese vacío. Descubriremos cómo el mundo en el que vivimos, con sus exigencias irreales y su frialdad, actúa a menudo como molde para desarrollar esa pesada y artificial creencia que termina aislándonos de la vida.

Vamos a mirar el origen de la herida directamente para comprender de qué está hecha, pero necesito que te acerques a estas páginas desarmado.

Si eres quien carga con el peso de esta estructura: Te pido que bajes tus defensas. Solo cuando entendemos la forma de nuestros propios sentimientos perdemos el terror a caer en el vacío.

Si eres quien ha sufrido su impacto en silencio:

Te pido que leas sin juicios precipitados. Observar la anatomía de este vacío te ayudará a comprender qué es lo que tienes enfrente y dejar de culparte.

Estás en un lugar seguro.

Capítulo 1: Mitología, literatura y cultura del narcisismo.

Todo comenzó con el mito de Narciso.

El término "narcisismo" proviene del mito griego de Narciso, un joven tan hermoso que se enamora de su propia imagen reflejada en un estanque hasta morir de amor por sí mismo. En psicología, el narcisismo se refiere a un espectro de comportamientos y pensamientos centrados en uno mismo, que pueden variar desde una sana autoestima hasta trastornos gravemente patológicos.

El mito se usa a menudo para advertir contra la vanidad y la obsesión con uno mismo. Narciso, al enamorarse de su propio reflejo, muestra las consecuencias de un amor propio excesivo que lleva a su destrucción personal. La sana autoestima es destruida por una necesidad de encontrar en el comportamiento de otras personas lo que él ve reflejado en el agua, pero por mucha admiración y obsesión que le dan esas personas, llegará el momento en que no será suficiente, pues su propia imagen representada se hará cada vez más hermosa, y necesitará una admiración cada vez mayor del otro, que acabará por destruir al admirador y a él mismo.

El mito muestra las consecuencias de la mala interpretación de Narciso sobre sí mismo, una búsqueda de su propia imagen percibida adulterada, trágica, y dañina. Empezó de forma inocente, pues Narciso es un joven en la tarea de conocerse que creyó, sin reflexionar, que su ser consistía únicamente en su apariencia. Al carecer de seguridad sobre otras dimensiones de su identidad —como experiencias, creencias o deseos—, redujo su existencia a lo que era para los demás. Creyó que ser alguien no precisaba de esfuerzo, y que consistía solamente en lo que otras personas perciben a simple vista.

Y así, al aceptar que es una imagen representada en la percepción del otro, se obsesionó consigo mismo. Al mismo tiempo, renunció a ser alguien, pues, al ignorar su propia experiencia, fue incapaz de imaginar el daño que hacía a otras personas por no atenderlas por cómo son, ya que él no podía, él ni siquiera sabía quién era. Y lo único que hacía era percibirse y verse más hermoso, y lo que quería era que otras personas lo vieran de forma tan hermosa como él se veía, como si eso fuera conocerse. Como si eso fuera ser alguien de valor.

Pero eso no era nada y Narciso decidió acercarse solo hacia sí mismo, y se lanzó al agua ahogándose buscando su reflejo en el estanque.

Narciso es como mito una metáfora del arte y la belleza. Y como obra de arte, Narciso es bello, pero inalcanzable y efímero. Ahora bien, el error conceptual de Narciso es considerarse a sí mismo como la encarnación de la obra de arte, una posición psicológicamente insostenible debido a la naturaleza fluctuante y subjetiva de la belleza.

Hay un autor que ha tratado el mito de Narciso en otra historia, la historia sobre *El retrato de Dorian Gray.*

En ella, Oscar Wilde escribió en la introducción: "El artista es creador de belleza. Revelar el arte y ocultar al artista es la meta del arte". Como preámbulo y siguiendo la lógica de estas palabras, bien elegidas por ser las primeras de aquel libro, se discrimina la bondad de que el artista no sea o pretenda ser el arte al mismo tiempo. Y que si el artista no se oculta bien, se obtendrá algo sin alma, sin meta, sin personalidad.

Oscar Wilde describió la vida de quienes caen en el error narcisista a través de *Dorian Gray,* un joven que, albergando un deseo inocente por capturar la belleza y la juventud eterna, deseó intensamente frente a su retrato que este envejeciera en su lugar, que el retrato asumiera la carga del paso del tiempo y las marcas de su vida, y Dorian acertó con el hechizo.

Con este deseo materializado, Dorian se entrega a una vida de placer y vicio, y comienza a formar creencias sobre la supremacía del placer y la belleza, sin considerar sus deberes respecto a otros, sin conocer lo que pueden otras personas, es decir, sin considerar las consecuencias de sus actos morales y éticos en terceras personas.

No tardó Dorian en sentir al mirar el cuadro un vacío, ya no puede sentirse como la persona del cuadro. Parece que mirarlo le recuerda cuánto ha entristecido; siente una inestabilidad emocional inmensa, siente que si ese cuadro no existiera, no existiría el problema. Que si acaba el cuadro, acaba esa forma angustiosa de sentir que le arrastra.

Dorian no puede amar. Esto se hace evidente cuando desprecia a *Sibyl Vane* cuando ella envejece y deja de ser la personificación de la belleza que Dorian adora. Sibyl ya no cumple con su deseo. Sibyl corrompe el egoísmo de Dorian por su fealdad.

Finalmente, Dorian decide romper el cuadro, por creer que era la única evidencia de quién es él realmente, la última prueba visible. Y al apuñalar el retrato, su cuerpo asume de golpe toda la fealdad y vejez que el cuadro había registrado.

El final consiste en el colapso probable del narcisismo desmedido.

El narcisismo en la literatura moderna.

Es necesario hacer una precisión técnica antes de analizar las siguientes figuras. Al citar a Patrick Bateman, *Dorian Gray* o el mito de Narciso, no pretendo sugerir que tú tengas un comportamiento igual al de estas personalidades. Estas figuras no funcionan aquí como diagnósticos, sino como representaciones de los elementos materiales y las experiencias que acompañan la creación del sentimiento narcisista en nuestra época. Son los 'objetos' y las 'causas' externas que el mundo moderno pone a tu disposición para que fabriques tu simulacro. No analizo sus actos, sino las condiciones materiales que rodean su existencia, pues representan en la literatura y cultura, la expresión de las mismas experiencias que han dado forma a nuestra estructura de supervivencia.

Un mito en la literatura moderna está en *American Psycho*, Patrick Bateman, un joven y exitoso banquero de inversiones en Wall Street, también está obsesionado con su apariencia física, reflejando ese vacío interno o esa necesidad de validación externa que tenían también Narciso y Dorian.

A esto se añade que Bateman lleva una doble vida como asesino en serie, donde actúa sin remordimiento, decidiendo matar a personas si eso le beneficia en el ámbito social y profesional.

Bateman busca el control absoluto sobre su entorno y su vida, la meticulosidad de sus crímenes, las páginas enteras dedicadas a describir su rutina diaria de cuidados personales, la ropa de diseñador que lleva, o la descripción obsesiva de su físico son comportamientos guiados por el deseo de ser reconocido y envidiado por sus pares.

Y es este deseo de reconocimiento del otro el que moviliza una creencia muy especial e importante: la creencia sobre sí mismo, la idea sobre sí mismo o "ego". Es ahí que comienza la autodestrucción de Bateman.

Bateman no reconoce los crímenes; no sabe si realmente ha cometido esos crímenes o si eran parte de sus fantasías. Bateman no sabe si es el asesino perfecto por el que sentirse grandioso, o la víctima de una sociedad enferma que le ha hecho imaginarse y fantasear con todos esos crímenes.

Bateman hace un último esfuerzo al final del libro, una confesión, pero no quiere confesar, no siente remordimientos ni cree haber hecho daño alguno. Su confesión es un último alegato por la atención, no busca redención, sino atención y validación de su identidad.

Se trata de un relato sobre un ciclo narcisista crónico, no debemos creernos el final, pues volverá a intentar otro alegato, Bateman no dejará de intentar atrapar a otras personas en su realidad, demostrando su profunda desconexión moral y emocional.

Un ciclo, cada vez más inestable y peligroso, Bateman es ya una bola de nieve bajando por la ladera de una montaña, cuyo destino es volverse cada vez más destructivo. Y todo aquel que quede atrapado hará la bola más grande, hasta que todo colapse.

En el otro lado, *Las edades de Lulú* es una novela realista donde Almudena Grandes confronta al lector desde el principio. Lulú es una víctima de sus circunstancias, su crianza, y las expectativas sociales sobre las mujeres y la sexualidad de la época. Y Lulú también es una buscadora incesante de satisfacción personal y sexual, una maestra que utiliza su sexualidad para manipular y controlar situaciones y personas.

Su autoestima está ligada a su sexualidad y a cómo es percibida por los hombres, sus relaciones son superficiales y centradas en una satisfacción inmediata, y está constantemente obsesionada con ser deseada, pero al mismo tiempo presenta una insatisfacción crónica, no importa lo que la deseen, no es suficiente.

En el final de *Las edades de Lulú*, después de un recorrido por diversas experiencias sexuales y emocionales, algunas de ellas bastante extremas y peligrosas, Lulú se encuentra en un punto de crisis y autorreflexión. Lulú tiene la oportunidad de un cambio psicológico, de afrontar sus creencias, deseos y comportamientos y cambiarlos.

Lulú decide volver con su primer amor, con Pablo, quien representa una figura de autoridad y dominación en su vida. Este es un retorno hacia lo familiar, no hay un cambio radical en la vida de Lulú hacia un cambio en su independencia emocional. Parece que Lulú comprende mejor la debilidad de su narcisismo y la del narcisismo de Pablo.

En el fin de Lulú también hay un ciclo que se repite, donde, a pesar de todo su recorrido manipulador y sexual, vuelve a un punto de inicio, con su primer amor, pero con una conciencia diferente de sí misma. Ahora sabe que es peligrosa, y sabe que Pablo es peligroso. Y antes de que sus dinámicas se conviertan en una escalada destructiva, decide aceptar lo que la define, incluso si es dañino, y hacer daño solo a una persona, a Pablo.

Lulú sigue buscando un ideal en su propia imagen, sigue deseando ese poder que tiene en el comportamiento del otro. En su historia, el narcisismo no se supera, sino que se integra en Lulú, o mejor dicho, se acepta. La decisión de Lulú es protegerse de sí misma y de la sociedad, aislándose en una relación con Pablo, donde solo ambos se dañan.

Ella no ha conseguido parar el ciclo infinito de narcisismo que presenta Bateman. Ella solo ha encerrado la bola de nieve en la habitación para que así, no se haga más grande.

La cultura del simulacro: El ecosistema que premia la máscara

Si el narcisista germina en las oscuras, complejas y a menudo dolorosas heridas de la infancia, es innegable que encuentra su clima perfecto, su invernadero ideal, en la sociedad occidental contemporánea. No podemos entender la prevalencia de estas dinámicas si nos limitamos a mirar exclusivamente el plano individual o a analizar la dinámica de su familia de origen. Para comprender la fuerza actual del trastorno, debemos elevar la mirada hacia el macroecosistema en el que ese individuo intenta sobrevivir cada día.

Ya no vivimos en aquellas comunidades interdependientes, tangibles y orgánicas donde el esfuerzo compartido, el reconocimiento del error y la cooperación eran garantías de supervivencia. Hemos construido, algoritmo a algoritmo, lo que podríamos llamar **la cultura del simulacro**: un ecosistema que tolera la máscara narcisista y la premia, la exige y la monetiza.

Llegados a este punto, debemos hacer una aclaración. Los estudios estadísticos nos indican que el trastorno narcisista de la personalidad (TNP), en su diagnóstico psiquiátrico más severo, afecta aproximadamente a entre el 1% y el 6,2% de la población. Por tanto, la cultura del simulacro no es la causa biológica principal ni única que genera el trastorno severo; ese triste origen, como veremos más adelante, reside en la genética combinada con el trauma temprano o la sobreprotección.

Sin embargo, la cultura actual actúa como un potentísimo factor agravante a nivel global. Recientes estudios internacionales demuestran que los rasgos narcisistas son significativamente más altos en los países con mayor poder económico. En este libro sostengo que nuestra sociedad occidental, aunque no genera automáticamente un trastorno narcisista patológico, sí empuja a gran parte de la población hacia estos comportamientos. El ecosistema nos obliga a todos a enfrentarnos a las pasiones tristes de la envidia, el estatus y el aislamiento, promoviendo el mantenimiento histórico de la vanidad y dificultando a nivel general la percepción de la verdad y la intimidad.

1. La industrialización del estanque de Narciso (Redes Sociales y el Avatar)

Para entender el primer pilar de este inmenso simulacro, debemos volver por un instante a nuestro mito fundacional. En la antigua Grecia, el joven Narciso se inclinaba sobre un estanque en medio del bosque. Su fascinación por su propio reflejo era un drama íntimo, privado, solitario y, en última instancia, letal para él solo y para los dioses griegos. Hoy, en la era hiperconectada de la globalización, hemos logrado algo que esos dioses antiguos no imaginaron ni en sus peores pesadillas: hemos industrializado el estanque de Narciso.

Ese estanque ya no está escondido en un bosque; lo llevamos en el bolsillo, de cristal negro, litio y silicio. Las redes sociales —plataformas como Instagram, TikTok, X y todas las variantes que dominarán el futuro de la comunicación— han transformado aquel espacio de reflejo íntimo en un escaparate global y constante.

En el vertiginoso escenario digital, el usuario ya no se conecta para compartir genuinamente quién es. El hermoso acto humano de compartir la propia vida se ha corrompido hasta convertirse en un frío y calculado ejercicio de relaciones públicas. El individuo, empujado por la inercia de la cultura, se embarca en la tarea diaria de construir un **"Avatar"**. Este avatar no es el ser humano de carne, hueso, dudas, miedos y defectos que se levanta por la mañana y se mira al espejo del baño; es una creencia milimétricamente diseñada, a veces, editada con filtros y despojada de todo atisbo de vulnerabilidad real.

Nos hemos convertido, trágicamente, en los directores de marketing de nuestras propias vidas. Y el objetivo central de esta corporación íntima es uno: extraer la mayor cantidad posible de *likes*, visualizaciones, comentarios y seguidores. Hemos convertido el suministro narcisista —esa desesperada necesidad de atención externa para llenar el vacío interior— en uno de los principales refuerzos de nuestra cultura actual.

Es aquí donde se produce una de las dinámicas más perjudiciales del comportamiento humano moderno. Aunque profundizaremos más adelante en la sabiduría del filósofo Averroes y en cómo nuestra percepción construye nuestro propio "Yo", podemos adelantar aquí la tragedia fundamental de esta era: la percepción del sujeto llega a confundirse con la validación que obtiene a través de la pantalla de su teléfono móvil . En la cultura del simulacro, la ecuación existencial básica se ha pervertido. Ya no rige el cartesiano "pienso, luego existo", ni siquiera el humano "siento, luego existo". El nuevo y tiránico mandato cultural es: "Si no soy visto y aplaudido, siento que no existo".

La validación externa ha dejado de ser un halago ocasional o un refuerzo positivo secundario para convertirse en el oxígeno mismo de la identidad. Si el avatar digital no recibe su dosis diaria de adoración, el ser humano real que sostiene el dispositivo experimenta angustia, un síndrome de abstinencia, o un terror a la aniquilación. En este ecosistema, la autenticidad muere de inanición porque ya no es rentable; mostrarse ordinario se percibe como un fracaso social.

Y, sin embargo, el sistema nos vende incansablemente que este escaparate es la máxima expresión de la "conexión". Se nos promete que al estar en red, estaremos más unidos, más cerca los unos de los otros. Pero si aplicamos la física de las emociones del gran Baruch Spinoza —que será la brújula fundamental en los próximos capítulos de esta biblioterapia—, descubrimos la gran mentira de la era digital.

Estas plataformas, en su uso generalizado, no son redes de amor o de alegría; suelen actuar, por su diseño algorítmico, como potentes generadores de "pasiones tristes". Bajo el amable disfraz de la conexión social, el individuo se expone a diario a la comparación constante y a la envidia ante el éxito ajeno, a la frustración por no alcanzar ideales de belleza y riqueza, y, a cierta ansiedad crónica por mantener intacto el estatus de su máscara frente a una audiencia que -y esto es fundamental para su supervivencia- le importa.

Creemos ilusoriamente que estamos interactuando con nuestros semejantes, pero en realidad, estamos atrapados en una dinámica de comparación, compitiendo para ver quién proyecta la imagen más exitosa.

En esta industrialización del estanque de Narciso, el ser humano no encuentra al otro; solo encuentra un reflejo de su propia carencia. Una dinámica que nos mantiene hiperconectados en la superficie del mundo, pero más solos, tristes y aislados que nunca. Este es el primer y más devastador engranaje de la cultura del simulacro, el ecosistema que nos empuja a todos, día tras día, a abrazar la patología de la máscara como única forma de supervivencia.

2. La mercantilización del "Yo": El individuo como producto de consumo y la tiranía de la fama

Pero no basta con tener un espejo; el sistema necesita que lo que se refleje en él sea un producto rentable. Entramos así en la segunda fase de la cultura del simulacro: la mercantilización del "Yo".

En el corazón del capitalismo moderno y la sociedad de consumo digital, se ha producido una mutación peligrosa en el sistema de valores humanos. Durante milenios, la filosofía y la espiritualidad nos enseñaron que el valor del ser humano era intrínseco. Valías por el simple hecho de existir, por tu capacidad de amar, por tu ética y por tu potencial para conectar con la comunidad, el cual ya viene integrado en nuestra naturaleza. Sin embargo, el mercado contemporáneo ha reescrito esta ley fundamental, enviando un mensaje a través de la publicidad: tu valor como ser humano ya no es intrínseco, sino extrínseco.

El ecosistema actual nos condiciona desde la infancia con la premisa de que el valor personal equivale a aquello que se posee, las marcas exclusivas que vistes, el estatus que proyectas y, sobre todo, la cantidad de fama o reconocimiento que recibes. La publicidad moderna rara vez vende la utilidad real de un producto; vende la ilusión de superioridad. Vende la promesa de que, al adquirir ese coche de lujo o ese perfume, comprarás también el derecho –y el sentimiento– de superioridad frente a los demás.

Para la mente con vulnerabilidad narcisista, que experimenta una profunda sensación de vacío, este mensaje publicitario resulta enormemente atractivo y compensatorio. El consumismo le ofrece una prótesis para su ego, una armadura de marcas y posesiones con las que rellenar la herida de su insuficiencia.

Pero la mercantilización del individuo va más allá de las posesiones materiales; ha devorado la propia esencia de la identidad a través de la cultura de la celebridad y la fama. Pensemos en el fenómeno de los *reality shows* y en la legión de *influencers* que dominan el panorama mediático. Históricamente, las sociedades admiraban a quienes lograban ayudar a la comunidad con su labor, a través del talento, el esfuerzo sostenido o el sacrificio por el bien común (los verdaderos héroes, artistas, científicos o líderes comunitarios). Hoy, el paradigma se ha invertido. Hemos creado una cultura que venera la fama por la fama misma.

Estos formatos televisivos y digitales no seleccionan a sus protagonistas por sus virtudes, sino por su capacidad histriónica para generar drama. Se glorifica la arrogancia, se premia la falta de empatía y se monetiza la crueldad interpersonal. El mensaje que la cultura envía a las nuevas generaciones es: la autopromoción agresiva, el exhibicionismo sin pudor y la superficialidad no son defectos que deban corregirse, sino caminos directos, válidos e incluso envidiables, hacia el éxito y la admiración social.

Incluso el arte, que históricamente ha sido el refugio de la expresión genuina, ha sido secuestrado por esta lógica. Hoy en día, a menudo no se valora la obra por su capacidad de conmover o de revelar una verdad, sino que se exige que el propio artista se convierta en una "marca personal" atractiva y escandalosa. La comercialización de la identidad exige que el sujeto esté vendiéndose a sí mismo las veinticuatro horas del día. Ya sea en el mercado laboral (donde un currículum es un panfleto de sobreestimación), en el mercado del arte o en el mercado del amor (aplicaciones de citas donde somos un catálogo de rostros y personalidades descritas), el ser humano se ve obligado a empaquetarse, etiquetarse y ofertarse como una mercancía más.

Es precisamente en este punto de agotamiento donde la sabiduría de Baruch Spinoza nos habla de lo que pasa con tu sufrimiento individual, un dolor que es, en el fondo, el reflejo de la gran tragedia de nuestra civilización actual.

A través del camino que estamos a punto de recorrer juntos, quiero que comprendas algo: el objetivo último de tu existencia, el estado de mayor libertad y de felicidad que puedes alcanzar, no tiene nada que ver con ser admirado, temido, o con ganar una eterna competición contra los demás. El verdadero triunfo de tu ser consiste en alcanzar algo mucho más sencillo: esa serena y clara alegría de estar, simplemente, contento con lo que verdaderamente eres. Es llegar a un estado donde tu cuerpo y tu mente ya no chocan con terror contra la realidad, sino que logran fundirse en una comunión pacífica con la vida y con las personas que te rodean. Es experimentar, quizá por primera vez desde que tienes uso de razón, la paz de darte cuenta de que tu existencia ya tiene valor por sí misma; consiste en desarrollar la libertad interna de no necesitar demostrar constantemente tu valía a los demás.

Pero la cultura del simulacro nos exige exactamente lo contrario. Dificulta la alegría de 'estar contentos' y nos empuja hacia la competitividad y el aislamiento propios de la vanidad. El objetivo de la vida moderna ya no es estar en paz, sino la superioridad de "ser envidiado".

Y la envidia, como nos advirtió Spinoza, es la más amarga de las pasiones tristes. Es un afecto que disminuye nuestra capacidad de alegrarnos de forma estable, porque nos aísla del otro. Cuando el objetivo de tu vida es que tu vecino, tu seguidor o tu expareja mire tu escaparate y sienta envidia de tu éxito, de tus vacaciones o de tu cuerpo, estás construyendo tu identidad sobre el sufrimiento ajeno.

El individuo convertido en marca vive en un estado de alerta y agotamiento crónicos, aterrorizado de que su "producto" pase de moda, de que otro competidor le robe el foco de atención o de que la audiencia descubra que, detrás del deslumbrante envoltorio publicitario, solo hay un ser humano aterrorizado y profundamente solo. Esta mercantilización del "Yo" no solo normaliza los rasgos narcisistas, sino que los convierte en un requisito de supervivencia social, dificultando enormemente la posibilidad de establecer vínculos auténticos, y dejándonos con la profunda sensación de que las conexiones humanas reales son cada vez más escasas.

3. La epidemia de la falsa excepcionalidad: Educación y autoayuda tóxica

Si la industrialización del estanque de Narciso nos proporcionó el escenario digital y la mercantilización del individuo nos impuso el precio de nuestro valor, la cultura del simulacro necesitaba un tercer pilar para sostenerse en el tiempo: la adoctrinación. Este ecosistema patológico jamás habría logrado enraizar tan profundamente en nuestro comportamiento si no hubiera comenzado a sembrar sus semillas en las aulas, en los hogares y en las estanterías de las librerías. Nos enfrentamos así a la tercera gran fuerza de nuestra era: la epidemia de la falsa excepcionalidad.

Para comprender esta catástrofe cultural, debemos observar cómo han mutado la crianza y la educación en las últimas décadas. En un intento bienintencionado, pero trágicamente descalibrado por alejarnos de los modelos autoritarios, punitivos y fríos del pasado —aquellos que aplastaban la espontaneidad y el *deseo natural* de los niños—, la sociedad occidental dio un bandazo ciego hacia el extremo opuesto. Nació el movimiento de la "autoestima inflada". Empezamos a creer que el amor incondicional consistía en proteger al niño de cualquier atisbo de frustración y en convencerle, a diario, de que era un ser con derechos que debe exigirlos.

A los niños, y posteriormente a los adultos modernos, se les bombardea con mantras que suenan hermosos en la superficie, pero que resultan muy perjudiciales para el desarrollo de la empatía: *"Eres especial"*, *"te mereces el mundo entero"*, *"has nacido para brillar"*, *"no dejes que nadie te frene"*.

Lo que estamos haciendo con estos mensajes es programar una distorsión perceptiva masiva en el sentido común de las nuevas generaciones. Si a un individuo se le cría bajo la experiencia aprendida que permite la ilusión de que él es el centro, su percepción se vuelve al mismo tiempo rígida y frágil. Cuando ese niño choca inevitablemente contra el muro del mundo real —cuando un profesor le suspende con razón, cuando un compañero le rechaza o cuando la vida le demuestra que no es el mejor en todo— no puede procesar esa información como un hecho natural del aprendizaje. Lo procesa como una agresión, como un fallo inaceptable en el sistema que atenta contra su identidad. El resultado es un narcisismo cultural sin precedentes, donde los derechos individuales, los caprichos del ego y la hipersensibilidad anulan el desarrollo de la empatía y, con ello, impiden que se desarrolle la tolerancia al fracaso y el deber cívico hacia la comunidad.

Pero el drama de este ecosistema no termina en la infancia. Cuando este individuo, ahogado por la ansiedad crónica de tener que mantener su falsa genialidad, busca respuestas y consuelo en la edad adulta, suele caer en la trampa más cínica de la cultura del simulacro: la industria de la autoayuda.

Basta con caminar por los pasillos de cualquier librería comercial para encontrarnos con miles de manuales que prometen el éxito rotundo y la felicidad instantánea. Sin embargo, una inmensa parte de esta literatura mal entendida no enseña al individuo a conocerse a sí mismo; le enseña a construir creencias sobre sí mismo egoicas. Son libros, gurús y cursos de dudosa base teórica y científica que exigen que te conviertas en un tiburón, que repitas afirmaciones de grandeza irreal frente al espejo o que apliques filosofías del tipo "*si alguien no te aporta el cien por cien, elimínalo de tu vida sin contemplaciones*" o "*tú eres tu única prioridad y el mundo debe adaptarse a ti*".

Bajo el seductor disfraz del "empoderamiento personal", esta autoayuda fomenta la desconexión y la falta de responsabilidad afectiva. Confunde de manera trágica el amor propio genuino con la idolatría de uno mismo. Un libro que te proporciona creencias prefabricadas para asimilar y falsear una actitud no te va a hacer realmente auténtico; solo te convertirá en un actor más hábil en el teatro de tu propio vacío, alejándote cada vez más de la experiencia de conocer al otro, esto es, de la verdadera intimidad.

Para comprender esto, quiero compartir contigo una visión fundamental sobre la naturaleza de la alegría; una perspectiva que extraje directamente de las páginas de la *Ética* de Spinoza. El verdadero amor propio —la alegría que nace cuando somos más capaces de hacer algo que antes no— nunca es excluyente ni arrogante. El ser humano es una criatura intrínsecamente social, y nuestra capacidad de existir aumenta cuando entra en contacto armónico y solidario con lo que pueden los demás.

Vivimos en un mundo que nos empuja hacia la pasión triste del orgullo solitario. Nos convence de que ceder, llegar a acuerdos, sacrificarse por un proyecto común o admitir un error son muestras de debilidad para alguien "excepcional".

Hemos creado una ilusión colectiva donde la independencia se ha confundido con el aislamiento emocional egoísta. Nos han hecho creer que la vulnerabilidad es un defecto de fábrica que puede ser erradicado a base de autoafirmaciones. Sin embargo, como demuestra la evidencia, el cambio sano no se alcanza enfocándose exclusivamente en las propias necesidades y exigiendo que el entorno se adapte a ellas. La sanación de esta estructura y el encuentro con la paz requieren, precisamente, abandonar la necesidad compulsiva de sentirse excepcional. Requieren el coraje de aceptar con gusto que somos seres ordinarios, interdependientes y maravillosamente defectuosos.

4. La recompensa biológica y social del trastorno: La adaptación al medio

Llegamos así a un giro teórico, a la revelación necesaria para comprender la magnitud del desafío al que nos enfrentamos. Hemos visto cómo la era digital ha industrializado el estanque de Narciso, cómo el consumismo ha mercantilizado nuestro valor y cómo la educación y la autoayuda han mantenido e inflado una excepcionalidad falsa. Todo esto conforma la arquitectura de la "cultura del simulacro". Sin embargo, la pregunta que cualquier persona interesada debe hacerse llegados a este punto es: si el narcisismo es un comportamiento que aísla, que destruye los vínculos íntimos y que condena al individuo a una existencia vacía... ¿Por qué sigue proliferando? ¿Por qué no se extingue?

La respuesta fascina tanto como aterra: porque en el ecosistema que hemos construido, en ciertos contextos competitivos a corto plazo, los rasgos narcisistas funcionan a menudo como una ventaja adaptativa. En la biología evolutiva, la supervivencia de una especie no depende de si sus rasgos son moralmente "buenos" o "malos", sino de su nivel de adaptación al medio en el que habitan. Y el medio actual, el sistema socioeconómico en el que nos movemos a diario, es un entorno hipercompetitivo, vertiginoso, gélido y orientado al éxito, a la rentabilidad, y al precio de las cosas. En este hábitat hostil, carecer de empatía afectiva no es un hándicap; resulta, en términos prácticos, una ventaja adaptativa.

Pensemos en una persona imaginaria con personalidad narcisista. Su creencia le dicta que es superior; su aprendizaje afectivo le ha enseñado a exigir y a actuar asumiendo rígidamente que es merecedor de privilegios. Es una persona que, de forma consciente o no, tiende a evitar la culpa, el remordimiento o el dolor que causa en los demás, porque sentir ese dolor ralentizaría su ascenso. Mientras que una persona empática duda de sí misma, se paraliza por el síndrome del impostor, se agota intentando cuidar a su equipo de trabajo o sufre dilemas éticos a la hora de tomar una decisión que afectará a terceros, el individuo con estos rasgos avanza evitando la fricción moral o el desgaste empático. No siente el peso moral de sus actos porque su empatía afectiva está apagada.

Por esta razón matemática y biológica, ascienden mucho más rápido en las jerarquías corporativas. En las entrevistas de trabajo y en los comités de dirección, su arrogancia defensiva no se percibe como un síntoma psiquiátrico, sino que se etiqueta como "liderazgo fuerte", "determinación" o "visión estratégica". En el entorno desregulado de las redes sociales, consiguen más seguidores porque no tienen ningún pudor en mercantilizar su intimidad, en generar polémicas polarizantes o en proyectar una seguridad granítica que las masas, aterrorizadas por la incertidumbre del mundo moderno, consumen desesperadamente como si fuera un faro en la niebla.

Parecen más seguros. Parecen más fuertes. Parecen invencibles. Y el sistema actual los premia con dinero, con estatus, con poder y con un aluvión incesante de *likes*. El "sentido común" distorsionado del narcisista encaja a la perfección con el "sentido común" distorsionado del capitalismo tardío y la sociedad del espectáculo. La llave encaja en la cerradura del mundo.

Esto nos lleva a la gran tragedia que enfrentamos. Aquí reside la verdadera razón por la que es tan difícil cambiar –y un motivo de este libro–: porque el mundo entero aplaude la enfermedad. Cuando una persona con estas características cruza por fin la puerta de nuestra consulta, rara vez lo hace porque quiera dejar de ser narcisista. Viene porque el motor se ha sobrecalentado, porque sufre de insomnio crónico, porque su pareja le ha abandonado o porque ha sufrido un revés que ha fracturado su máscara. Pero cuando el terapeuta le propone el camino de la curación —bajar las defensas, conectar con la vulnerabilidad de su *experiencia*, abandonar el control y permitirse ser un humano ordinario—, la persona experimenta una alarma de supervivencia. Y piensa: *"Si me quito la armadura y dejo de ser implacable, el sistema me devorará. Si dejo de competir, perderé mi estatus. ¿Por qué voy a renunciar a la máscara si la máscara es lo que me da de comer y me hace ser alguien?"*.

Ayudar a una persona con depresión es devolverle la funcionalidad para que pueda integrarse en la vida. Pero intentar que una persona cambie sus comportamientos narcisistas, es pedirle que renuncie a la herramienta que le ha hecho "triunfar" en el ecosistema actual. Es pedirle que renuncie al principal mecanismo de adaptación de la cultura del simulacro.

Por todo ello, debemos entender que dejar el narcisismo en el siglo XXI es, fundamentalmente, un acto de rebeldía contra el propio sistema. Es una decisión valiente contra la superficialidad, contra la competitividad y contra la mercantilización de la conducta humana. Requiere una gran determinación, porque significa elegir voluntariamente abandonar la posición de superioridad que la sociedad aplaude, para empezar a relacionarse desde la igualdad. Significa renunciar a la tristeza altiva de la vanidad y el dominio, para permitir la silenciosa alegría de la conexión genuina.

El individuo que, en medio de este mundo enloquecido, logra desprenderse de su delirio para mirar a los ojos a su pareja, a sus hijos o a sus amigos, no solo está cambiando quién es. Está dando un paso fundamental hacia el bienestar compartido, demostrando que es posible priorizar la conexión auténtica por encima de la necesidad de control.

Con esta comprensión de la estructura a la que nos enfrentamos, tanto en el interior de la mente como en el exterior de la sociedad, estamos preparándonos para adentrarnos en los siguientes capítulos, y descubrir cómo se libra y se gana esta revolución en la intimidad de la lectura.

Capítulo 2: Comprendiendo el vacío y la máscara narcisista

De la etiqueta a la experiencia humana

Es probable que estés buscando respuestas a un dolor que resulta invisible para el resto del mundo.

Antes de dar un paso más hacia la mecánica de la mente, quiero dejar algo fundamental claro para ti: estás en un lugar seguro.

Para ti, que chocas contra el muro: Eres quien convive con alguien que parece habitar detrás de ese cristal de protección, alguien que exige tu atención constante, pero que es trágicamente incapaz de ver tus lágrimas o de escuchar tu agotamiento. Aquí encontrarás validación y realidad.

Para ti, que habitas el muro: Eres quien siente un vacío insoportable, casi físico, un domingo por la tarde cuando el teléfono no suena y la falta de estímulos externos te genera angustia. Aquí no te juzgaré.

En este libro te voy a ayudar a mirar este sufrimiento directamente a los ojos, sin juicios morales, sin etiquetas frías, y después aprenderás a guiarte por tu propia reflexión.

Cuando abrimos los manuales tradicionales de psiquiatría, nos encontramos con términos clínicos muy duros para describir el trastorno narcisista de la personalidad (TNP). Leemos sobre "fantasías de éxito ilimitado", "explotación interpersonal" o "falta de empatía". Sin embargo, estas listas de síntomas, aunque útiles para la clasificación teórica, resultan insuficientes a la hora de promover el cambio psicológico adaptativo, pues no ayudan con el problema de fondo. Una etiqueta diagnóstica no te explica el agotamiento extremo que supone sostener una máscara perfecta las veinticuatro horas del día. Un diagnóstico de manual no te habla del terror paralizante a no ser nadie, ni te explica por qué, en el fondo, el narcisismo no es una demostración de exceso de amor propio, sino más bien lo contrario: es la carencia de amor propio genuino, sustituido por una imagen defensiva para poder sobrevivir.

Para que podamos generar un cambio psicológico tangible —para que podamos transformar ese comportamiento que hoy te lastima y lastima a otros—, primero debemos entender una regla básica de nuestra naturaleza: nadie actúa en el vacío. Todo comportamiento es el resultado de cómo hemos construido la vida, o más bien, la forma viva de nosotros mismos. Cuando hablamos de dificultades de la personalidad, estamos evaluando si existe una autoestima sana y coherente; es decir, si esa idea que tenemos sobre nosotros se ha formado como consecuencia natural de nuestras experiencias y fricciones reales con el mundo y con los demás.

Nuestra personalidad no aparece por arte de magia; no nacemos con un "ego" inamovible, ni somos entidades inmateriales desconectadas de nuestra biología. La idea de "quiénes somos" se forma a través de un proceso biológico y mental continuo de interacción, de choque constante con nuestro entorno. No existe una división real entre lo que pensamos y lo que sentimos. Mente y cuerpo son la misma vida expresándose. Si el mundo nos devuelve una mirada de aceptación genuina, aprendemos a querernos y a aceptarnos con naturalidad. Pero si en nuestras primeras etapas de vida el mundo nos exigió la perfección para merecer un gramo de cariño, si nos ignoró cruelmente, o si nos prestó una atención incondicional y desmedida, nuestra mente y nuestro cuerpo, en un intento brillante pero trágico de sobrevivir a ese impacto, construyeron una máscara –o una sensación de lo que somos– que funciona como una armadura.

Para entender cómo se forma esta armadura en tu mundo interno —y cómo tienes el poder de empezar a desarmarla—, en *Terapia Espinosa* utilizo una brújula vital. En lugar de clasificar a las personas por sus defectos, vamos a mirar cómo tejen su realidad a solas. En este capítulo, nos centraremos exclusivamente en tus raíces individuales. Analizaremos tu procesamiento interno utilizando un lenguaje directo, ya que exploraremos tus respuestas biológicas primarias y tu instinto de supervivencia.

Estos son los tres hilos fundamentales que construyen tu mundo interior:

Las experiencias: Son la materia prima de tu vida. No me refiero a las anécdotas o viajes que cuentas, sino a lo que sientes en el cuerpo crudo, lo que vives y lo que te impacta directamente. Consisten en el choque inicial, en la reacción física y mental simultánea cuando algo te afecta o te "choca". Son las raíces de tu árbol. Es ese nudo repentino en el estómago, esa tensión en la mandíbula o ese calor que te sube por el pecho. Es el encuentro, a menudo doloroso, entre tú y el mundo exterior en una milésima de segundo.

Las creencias: Son la historia que te cuentas sobre ti mismo y sobre las cosas o personas que te afectan a partir de esas experiencias. Pero aquí debemos romper un mito gigantesco: una creencia no es un pensamiento lógico o un cartelito flotando en tu cabeza.

La creencia es la estructura cognitiva que adoptas para asimilar el impacto de la experiencia, es el resultado de asociar emociones a hechos concretos, y determina tu actitud ante la vida. Lo natural es que las creencias se formen de manera flexible hacia lo externo, porque es el mundo el que nos duele o nos alegra. Sin embargo, aquí radica el nudo del narcisismo. Cuando una mente está fuertemente condicionada por la fricción del mundo, entra en una dinámica defensiva: actúa como si solo ella afectara a los demás y se niega a aceptar que el mundo también la afecta a ella. Si habitas esta estructura, para protegerte de ese dolor te aíslas y construyes una creencia rígida y exclusiva sobre ti mismo (tu superioridad, tu dureza o tu victimismo). A este cuerpo formal defensivo, a esta estructura artificial que adoptas para no sentir, es a lo que comúnmente llamamos "ego".

Los deseos: Son el motor vital que te impulsa a actuar, el empuje inagotable de tu fuerza de vida (lo que la filosofía antigua llamaba el *conatus*). Este motor nace de la conjunción entre lo que has sentido en el choque (tus experiencias) y la forma rígida o flexible que has adoptado para sobrevivir (tus creencias). Cuando tenemos experiencias reales con el mundo y creencias éticas, sentimos curiosidad. Empezamos a imaginar posibilidades y nace el deseo, que te mueve a explorar y a buscar conexión en el trabajo, en la vida social y en la intimidad.

Sin embargo, en el caso del narcisismo, al estar sostenido por un cuerpo formal artificial y aislado del mundo para no sentir dolor, el deseo se vacía de curiosidad por el otro y se deforma. Persigue únicamente un espejismo: la validación externa para confirmar que tu creencia sobre ti –tu ego– existe. Cuando este impulso vital se aísla y no puede fluir hacia los demás, la falta de deseo expansivo genera angustia. Produce un cansancio y un estado de apatía que limitan enormemente tu vitalidad, al mantenerte a la defensiva.

Fíjate en cómo fluye la lógica de tu mundo interno ahora: siento algo en el cuerpo, sufro una fricción (experiencia). Para sobrevivir a ese dolor, me cuento una historia y adopto una estructura rígida, un escudo (creencia). Al juntar ambas, mi capacidad de desear intenta abrirse paso y seguir viviendo, pero al estar atrapada, solo logra buscar aplausos para mantener en pie ese escudo (deseo).

Cuando una persona goza de un amor propio sano, estos tres hilos fluyen sin miedo. Sus creencias sobre sí misma son realistas porque nacen de aceptar la fricción de sus experiencias y se nutren de la verdad consecuente del entorno.

Sin embargo, cuando habitas esta estructura narcisista, tu sistema de orientación emocional se desajusta. Adoptas una actitud defensiva y te desconectas del entorno para evitar sufrir. Al desconectarte de la realidad externa para no sentir el impacto, comienzas a mirar el mundo a través de un cristal sucio, un filtro que oscurece y altera las intenciones de los demás, no dejándote más remedio que fabricar esa creencia artificial sobre ti mismo. Construyes una casa sin ventanas, solo espejos por fuera, y la misión diaria a atender y promover se convierte en observar si el resto del mundo se para frente a tu fachada, para que te confirme que eres real.

Comprender esto desde tu propia experiencia es necesario, es el principio de un cambio posible. La arrogancia, la frialdad o la necesidad de control no son signos de poder, sino los muros de una prisión emocional. Darnos cuenta de que este sufrimiento solitario es el resultado de un cuerpo formal asustado y paralizado es el primer paso indispensable para dejar de reaccionar desde el dolor. Solo así podremos prepararnos, más adelante, para el mayor desafío de todos: abrir la puerta y cruzar el puente hacia los demás.

La formación de la creencia: La bifurcación entre el límite de la personalidad y la defensa narcisista

Para comprender cómo se levantan los muros de esta prisión emocional, necesitamos detenernos un momento en el arquitecto de la obra: el "ego". En psicología, la palabra ego a menudo suena a algo místico, esotérico o inherentemente negativo (por su herencia del psicoanálisis tradicional), pero en *Terapia Espinosa*, no es más que la *creencia sobre uno mismo.* Es la respuesta interna a la pregunta "¿quién soy yo?", construida ladrillo a ladrillo a través de nuestras *experiencias* e interacciones.

Imagina que esta *creencia* sobre ti mismo es la casa en la que habitas emocionalmente. En una persona con un amor propio sano, esta casa tiene paredes firmes que la protegen, pero también cuenta con puertas y ventanas abiertas. Permite que entre la brisa de los sentimientos ajenos, que la importancia del otro me deslumbre de vez en cuando, y el habitante sale a conectar con el mundo sin temor a que su estructura se derrumbe.

Sin embargo, cuando el desarrollo de nuestra personalidad se enfrenta en sus etapas más tempranas a heridas incomprendidas, o a comportamientos inadaptados, porque sentiste abandono emocional o exigencias desmedidas, los cimientos ceden. La casa se construye entonces con fallos estructurales severos, diseñados no para vivir en paz, sino para sobrevivir al pánico.

Para que puedas entender cuál es el núcleo del problema narcisista, y para que puedas mirar tu propia armadura fabricada de creencias (o la de la persona a la que amas) con compasión realista y no con juicio precipitado, vamos a hacer un ejercicio de imaginación arquitectónica. Vamos a comparar el narcisismo con su extremo psicológico opuesto: el trastorno límite de la personalidad (TLP). Ambos nacen exactamente de la misma herida originaria —el terror abismal a no ser suficiente y el miedo a ser aniquilado por el abandono—, pero eligen estrategias de supervivencia opuestas.

Imagina la mente de una persona muy sensible o límite. Su tragedia y su dificultad diaria radican precisamente en la deficiencia para crear y sostener en el tiempo una creencia estable sobre sí misma. Si miráramos su casa emocional, veríamos una estructura muy escueta, no tiene puertas, solo algunas ventanas y apenas le quedan paredes.

Al tener graves dificultades para establecer barreras protectoras, la persona experimenta a menudo un estado de desbordamiento emocional.

Las afecciones (los impactos) del mundo exterior chocan contra ella y la desbordan con facilidad. Se juntan de forma compulsiva, casi desesperada, con los sentimientos de los demás, porque no tiene una piel emocional que la separe del mundo. Si tú estás triste a su lado, ella experimenta tu tristeza como propia, abrumándose por completo; si tú te alejas o te muestras distante, su sentido de identidad y seguridad se desestabilizan gravemente.

En su intento agónico por aferrarse a algo, a lo que sea, que le otorgue un sentido de identidad, absorbe de tal manera su entorno que termina perdiéndose a sí misma por completo. El entorno le afecta con tal intensidad que su sentido de identidad se desestabiliza. A menudo, busca fusionarse emocionalmente con el otro como principal vía para sentir seguridad y validación.

Ahora, miremos la estructura de tu forma de percibir. Enfrentada exactamente al mismo terror infantil de la persona límite, al mismo pánico cerval a no ser suficiente o a ser herida por un mundo impredecible, tu mente adoptó una estrategia defensiva opuesta: concluyó que la forma más segura de evitar el desbordamiento emocional era bloquear el acceso a los demás.

En lugar de una casa sin paredes, construiste un búnker. Levantaste un muro diseñado para que nada pudiera tocarte. Tomaste la determinación de rechazar la conexión con los sentimientos de cualquier otra persona para evitar el riesgo de salir lastimado.

Para ti, permitir que las emociones o el dolor de otra persona te afecten no se experimenta como un acto de amor; tu forma de percibir lo traduce como una amenaza directa para tu creencia personal.

Estás bloqueando cualquier posibilidad de acceder a una intimidad real, impidiendo que se forme en ti una experiencia de equilibrio, una que puede hacer que confíes en el vínculo. Como resultado inevitable de esta estrategia defensiva, quedas aislado, a salvo del rechazo, sí, pero atrapado en esas paredes insonorizadas que tienen los búnkers.

Pero aquí surge un problema: un ser humano, guiado por un deseo de sobrevivir, no puede desarrollarse en el vacío. Necesita interactuar con el mundo para mantenerse vivo. Al no poder formar una identidad basada en la conexión genuina y vulnerable con su entorno —porque eso requeriría abrir la puerta del búnker—, la mente narcisista se ve obligada a fabricar una personalidad artificial.

Te inventas un personaje. Creas una máscara impenetrable de superioridad cultural, económica, intelectual o, en muchos casos, de victimismo. Y para que ese personaje parezca convincente y seguro ante los ojos del mundo -y de ti mismo-, decides aislarte en un sistema cerrado, una cámara de eco perceptual diseñada para devolverte la imagen de grandeza que necesitas para sobrevivir.

Es exactamente en este punto donde reside la tragedia del narcisismo, el núcleo de tu sufrimiento más silencioso e inconfesable. Te has aislado porque no puedes, ni quieres, percibir al mundo; te aterra que el mundo te afecte, te cuestione y desmonte ese ego prefabricado que tanto te ha costado sostener.

El drama es que, al negarte a percibir al otro en su humanidad real, te quedas a solas con tu personalidad artificial. Y en los momentos de soledad, cuando no tienes audiencia, descubres que ese personaje carece de sustancia. No tiene peso específico. No tiene raíces en la tierra. No tiene calor humano.

Nace así la gran paradoja narcisista que te condena al agotamiento eterno: como eres incapaz de percibir al mundo con autenticidad, tu tarea de supervivencia es obligar al mundo a que te perciba a ti. Necesitas que la gente se detenga frente a tu casa, te mire por la ventana y te devuelva un comportamiento.

Buscas obtener de los demás validación, conformidad o atención constante para mantener tu seguridad. ¿Por qué? Porque esa reacción externa es la métrica, la mejor prueba que tiene tu mente para confirmar que todavía existes. Tiendes a buscar la validación ajena de forma compulsiva, utilizándola como el refuerzo necesario para mantener tu autoimagen. Es un esfuerzo agotador. Detrás de la fachada de superioridad que proyectas, no hay un ser invencible ni una persona malvada; hay vulnerabilidad y necesidad humana básica reclamando su derecho a existir.

Viaje hacia el núcleo del vacío

A simple vista, el búnker de espejos del que hablábamos puede parecer indestructible. Desde fuera, la personalidad narcisista deslumbra, intimida o, en algunos casos, genera una compasión teñida de agotamiento. Sin embargo, durante décadas, la ciencia psicológica ha intentado descifrar qué hay debajo de esa necesidad obsesiva de atención. Hoy sabemos que la máscara que la sociedad percibe es solo la punta del iceberg.

Si tomamos nuestras herramientas terapéuticas y hacemos un poco de "arqueología emocional", descubriremos que el narcisismo no nace de la pura maldad o de un egoísmo calculador, sino de una herida incomprendida o que la persona fue incapaz de procesar en las experiencias más tempranas. Cuando el entorno nos enseña que solo somos valiosos si brillamos, o cuando nos somete a un dolor que no podemos procesar, la mente toma una decisión drástica: abandona la tarea de conocerse a sí misma a través del otro.

Para entender el sufrimiento silencioso de esta condición, vamos a retirar las capas de esta personalidad artificial. Emprenderemos un viaje desde la superficie más dura hasta el núcleo mismo del vacío.

Capa 1: Tu piel artificial (La grandiosidad como escudo de supervivencia)

Si hoy nos asomáramos a las profundidades de esta mente, la primera capa que encontraríamos no sería una piel humana, cálida y porosa, capaz de sentir la brisa o el tacto de los demás.

Para ti, que intentas entender a quien te confunde: Lo que verías frente a ti no es a alguien inaccesible por maldad, sino a alguien recubierto por esa misma coraza de titanio, incapaz biológicamente de sentir tu tacto.

Para ti, que habitas esta estructura: Lo que encontraríamos bajo la superficie es una barrera defensiva muy rígida, diseñada para que nada te toque.

Es la grandiosidad operando como tu escudo protector. Mientras que una mente anclada en el amor propio sano posee creencias flexibles —que dudan, que se nutren de la realidad y aceptan con naturalidad que el mundo nos afecta—, tu piel actual está forjada con el material más rígido que existe: una creencia artificial.

Para no sentir el vértigo de tu inseguridad, te has aferrado a la idea tiránica de que eres superior, y de que eres excepcional, intocable y de que posees un estatus superior al resto de los individuos (o, si tu perfil es vulnerable, te has convencido de que eres una víctima incomprendida por tu entorno). Quiero que seas muy honesto contigo mismo al leer esto, toda esta capa externa no fue diseñada porque realmente te creas superior. Fue diseñada por tu instinto de supervivencia con un propósito solitario, que consistía en asegurar que nada, ni nadie, pueda acercarse lo suficiente como para penetrar y causarte dolor. Es un escudo perfecto para la guerra, pero es una prisión para la vida.

Desde fuera, esta piel se manifiesta como una independencia feroz, un perfeccionismo extremo, un encanto desbordante en los eventos sociales o una actitud de arrogancia. Exiges un trato especial porque tu creencia te dicta que no perteneces al mismo mundo que los demás. Sin embargo, esta grandiosidad tiene un precio altísimo: dificulta severamente la intimidad que estableces en experiencias sociales. No puedes permitirte el lujo de la intimidad real, de percibir genuinamente a tu pareja, a tus amigos o a tus hijos, porque dejar entrar al otro significa arriesgarse a que el escudo se raye. La actitud de grandiosidad puede protegerte del daño externo a corto plazo, pero a la larga genera un aislamiento emocional. Actúas a menudo como alguien forzado a interpretar un papel de manera casi constante.

Capa 2: La grieta (La dependencia extrema de la validación externa)

Si eres tan superior y tan independiente, ¿por qué te importa tanto lo que piensen los demás? ¿Por qué enfureces ante la crítica o te hundes cuando no eres el centro de atención? Al raspar la brillante piel de la grandiosidad, encontramos la segunda capa (la grieta): la dependencia extrema de la validación externa.

Una creencia basada en experiencias reales crea intimidad y se sostiene por sí misma, generándose a partir de su propia coherencia interna. Pero la creencia artificial de esta estructura es ilusoria; carece de sustento emocional propio. Para que esta estructura de autoengaño no se desmorone, necesita ser alimentado desde el exterior.

Aquí es donde observamos cómo se deforma otro de nuestros 3 sentimientos: el *Deseo*. En un amor propio sano, el deseo nace de la curiosidad por el mundo y por el otro; queremos explorar, compartir y construir. Pero en la grieta narcisista, el *Deseo* se ha vaciado de toda curiosidad por los demás. El otro ya no es un ser humano fascinante con el que conectar, sino un mero instrumento, un "suministro" de energía. El deseo se transforma en una necesidad desesperada y compulsiva de validación externa.

Esta dependencia extrema es agotadora. La persona vive en un estado de alerta casi constante, escaneando el entorno para asegurarse de que la validación externa continúa y de que la atención de su pareja no decae. Cualquier mirada de indiferencia, cualquier desacuerdo o cualquier crítica constructiva no se perciben como un simple comentario, sino como impacto directo contra la herida y tu creencia asociada –el famoso ego–, desestabilizando toda tu percepción. Es por esto que tu reacción suele ser desproporcionada: ira, desprecio, o victimismo. Estás defendiendo tu supervivencia psicológica.

Esta segunda capa revela una verdad: detrás de tu máscara de autosuficiencia, eres emocionalmente una persona dependiente. Tu día a día se convierte en un intento agotador de sostener tu autoestima mediante la admiración ajena, sin darte cuenta de que, al faltar la conexión genuina, esa validación nunca es suficiente.

Capa 3: El vacío de identidad

Si logramos apartar la grandiosidad y la necesidad de validación, llegamos a la base de esta estructura. Aquí ya no hay público. Aquí solo encontramos la sensación de vacío.

¿Qué ocurre cuando te quedas a solas en casa, cuando el teléfono no suena, cuando nadie te mira o, peor aún, cuando fracasas? Te enfrentas al miedo de sentir que pierdes tu identidad. Dado que bloqueaste la posibilidad de tener intimidad con otras personas para no salir lastimado, y construiste una creencia que solo existe si el mundo exterior la refleja y la aplaude, en el momento en que se apagan los focos, tu identidad se desvanece. Sientes que desapareces.

Para una persona con un amor propio sano, la soledad o el hecho de ser "ordinario" es una experiencia de paz, un momento de pausa para reconectar con sus verdaderas experiencias y deseos. Pero para ti, ser una persona ordinaria o pasar desapercibido se experimenta como una grave amenaza a tu sentido de identidad. Te asomas al abismo donde suena tu peor temor: 'Si no soy especial, si no soy superior o intocable, entonces no valgo'.

Esta amenaza a tu identidad explica por qué te resulta tan difícil renunciar a la necesidad de controlar, exigir atención o provocar. No lo haces por simple egoísmo; estás intentando asegurar tu supervivencia emocional a través de tus defensas. Enfrentar ese vacío interior sin la red de seguridad de la admiración ajena es un dolor que tu mente, sin las herramientas adecuadas, no puede tolerar.

Tabla 1: La Máscara vs. El Vacío

Para resumir esta arqueología emocional y ver la distancia que existe entre la fachada que la persona narcisista proyecta para defenderse y el sufrimiento que experimenta, observemos la siguiente tabla. Esta es la radiografía de tu *creencia o "ego"*: lo que el mundo ve frente a lo que la persona calla y sufre en silencio.

La Máscara (Lo que exige que el mundo perciba)	**El Vacío (Lo que sufre en silencio bajo su creencia artificial)**
Independencia y actitud de superioridad.	Terror a la vulnerabilidad y al abandono. Profunda incapacidad para predecir y sostener emociones y creencias sobre el comportamiento del otro, incapaz de intimar genuinamente.
Perfeccionismo y exigencia de un trato especial.	Creencia íntima y tortuosa de que "si cometo un error, si muestro una debilidad o si soy 'ordinario', no valgo".
Encanto desbordante y magnetismo superficial en lo social.	Agotamiento crónico. La sensación de ser un actor en su propia vida, desconectado de sus deseos reales, fingiendo para no ser descubierto.

El narcisismo frente al amor propio sano

Querido lector, para comprender verdaderamente el nivel de agotamiento y sufrimiento que esta condición genera, sólo necesitamos observar un martes cualquiera. El narcisismo no se manifiesta únicamente en los grandes villanos de las películas o en personajes históricos; se esconde en las interacciones cotidianas más rutinarias, en la forma en que una persona lee un mensaje de texto, en cómo reacciona durante una cena con amigos, o en lo que siente cuando se apaga la luz y la casa se queda en silencio.

En la vida diaria, esta *creencia* que el narcisista ha construido para aislarse del mundo suele tomar dos disfraces.

Estos son el narcisismo grandioso y el narcisismo vulnerable. En la práctica, algunas personas con este comportamiento proyectan una actitud altamente visible y dominante (lo que denominamos grandiosidad), exigen ser el centro de atención, dominan las conversaciones y arrollan con su supuesta superioridad. Otros, en cambio, llevan una máscara silenciosa y pesada (el narcisismo vulnerable) y se refugian en el papel de la víctima perpetua, sintiéndose secretamente superiores pero crónicamente ofendidos e incomprendidos por un mundo que "no sabe valorar lo especiales que son".

No importa el disfraz que elijan –es más, en la mayoría de personas esto está mezclado–, la raíz de su dolor suele ser la misma. Ambos evitan que el mundo los afecte, rompiendo la brújula de sus tres sentimientos básicos: corrompen su experiencia, aíslan su creencia y asfixian su deseo.

Para ilustrar este choque, acompañemos a una persona con un amor propio sano y a una persona atrapada en el narcisismo a lo largo de un día normal, observando cómo reaccionan ante los mismos estímulos.

Imagina que estás en el trabajo o charlando con tu pareja, y recibes una corrección: "Oye, creo que te has equivocado en este detalle". Para una persona con un amor propio sano, esta *experiencia* genera una punzada natural de incomodidad, pero su *creencia* sobre sí misma es realista. Se permite ser afectada por el otro. Su *deseo* sano la impulsa a mejorar, investigar, y a querer disculparse si es necesario.

En la mente del narcisista (sea el ruidoso o el silencioso), esa misma frase no es una simple corrección; es un impacto directo contra los cimientos de su sistema defensivo. Como su *creencia* es artificial, no admite grietas ni errores. El narcisista ruidoso reaccionará con furia, atacando al mensajero ("¿Tú qué vas a saber?"). El narcisista silencioso reaccionará con un victimismo pasivo-agresivo ("Nadie valora lo que hago, solo saben atacarme"). En ambos, el Deseo se deforma: ya no quieren mejorar ni conectar, solo buscan neutralizar la amenaza para defender su máscara.

Avanza el día. Un amigo íntimo anuncia que ha conseguido un ascenso maravilloso o que ha encontrado a la pareja de sus sueños.

Si gozas de una salud emocional estable: Te alegras genuinamente. El reconocimiento y aceptación de tus propias experiencias te permite conectar con su sentimiento sin sentirte amenazado.

Si habitas la estructura del narcisismo: Para ti, debido a esa alteración en tu percepción, el mundo se experimenta como una estricta competencia de suma cero. Si la atención se enfoca en tu amigo, experimentas una amenaza a tu identidad y a tu protagonismo.

Al haber bloqueado esa posibilidad de reconocer la experiencia propia y ajena (percibir al otro como un igual dura poco, pues a largo plazo no lo aceptas porque es peligroso), el éxito ajeno se siente como una humillación personal. Intentarás robar el protagonismo ("Eso no es nada, yo conseguí algo mejor el año pasado"), o sonreirás brevemente ("¿Por qué a él sí y a mí no, con lo que yo sufro?"). El otro no es siempre un compañero; puede ser una competencia.

Cae la noche. Llegas a casa, apagas el teléfono y te quedas a solas. Para un ego sano, este es el momento de la calma, el espacio donde te puedes encontrar tranquilo, con una taza de té y recordando en tu imaginación momentos del día. Parece poco, una pérdida creativa del tiempo, un soñar despierto, y consiste en esa aceptación intuitiva y pacífica de lo que uno es. Es el momento de aceptarse, integrando lo que somos con lo que hemos vivido.

Pero para quien sostiene una creencia, el silencio es la experiencia más aterradora. Al carecer de estímulos externos o validación, te enfrentas directamente a tu propia sensación de vacío. Necesitas un estímulo externo para sentir. Puede que busques -sin darte cuenta- atención en las redes sociales, enviarás un mensaje provocador o, incluso, iniciarás una discusión absurda y dolorosa con tu pareja. Cualquier cosa es preferible a la angustia de no ser percibido.

Para visualizar claramente la abismal diferencia entre vivir anclado a la realidad o vivir secuestrado por una máscara, observemos esta tabla de situaciones cotidianas:

Tabla 2: Situaciones cotidianas y la brújula de la personalidad

Situación Cotidiana	Amor Propio Sano (Creencia Real)	Narcisismo (Creencia Artificial)
Recibir una crítica o ser corregido por alguien.	Incomodidad pasajera. Se utiliza la *experiencia* para reflexionar y el *deseo* sano para aprender o reparar el error.	Sensación de aniquilación. Ira explosiva o victimismo crónico. Se ataca al otro para proteger la ilusión sobre sí mismo.
Presenciar el triunfo o la felicidad de un amigo/pareja.	Alegría compartida genuina. El conocimiento de la experiencia propia y ajena te permite celebrar sin sentir que el propio valor disminuye.	Envidia, vacío o resentimiento. Necesidad urgente de desviar la atención hacia uno mismo o de menospreciar sutilmente el logro del otro.
Estar a solas sin estímulos ni atención externa (un domingo libre).	Sin temor al abandono, este silencio es paz y descanso. Un refugio donde te relajas y permites sentirte contento con quien eres, sin necesitar que nadie te mire para confirmar tu existencia.	Angustia paralizante, aburrimiento feroz o terror al vacío. Búsqueda compulsiva de interacciones que generen admiración o drama para confirmar que se existe.
Tener un desacuerdo de opiniones en una conversación.	Curiosidad por la postura ajena. Se mantiene el respeto porque la propia *creencia* no depende de tener razón.	Percepción de amenaza. El narcisista siente que si no impone su visión, su identidad es aplastada. Transforma el debate en un campo de batalla.

Traduciendo el diagnóstico clínico

Llegados hasta aquí, volvamos a reflexionar sobre nuestras influencias culturales. ¿Qué ocurre cuando salimos de casa al mundo hiperconectado, veloz y exigente del siglo XXI? No necesitamos encerrarnos en un laboratorio universitario, someter a la gente a escáneres cerebrales o rellenar tediosos cuestionarios de personalidad para ver la ciencia en acción. La sociedad actual —con sus redes sociales, sus oficinas de planta abierta y sus aplicaciones de citas— es el laboratorio cotidiano más grande que existe.

Los manuales de psiquiatría, como el famoso DSM-5, nos dan una lista de síntomas fríos. La neurociencia nos dice, tras complejos estudios, que las personas con rasgos narcisistas muestran una menor activación en las áreas del cerebro encargadas de la empatía. Los experimentos psicosociales concluyen que reaccionan con agresividad ante la retroalimentación negativa. Pero, ¿qué significa todo este lenguaje académico cuando tú estás intentando mantener una relación de pareja, cuando intentas comunicarte con tu jefe, o cuando ves a un familiar hundirse en su propia arrogancia?

Significa que debemos traducir la ciencia a la vida real. En *Terapia Espinosa*, y en mis sesiones psicológicas privadas, no utilizo las etiquetas clínicas, que en demasiadas ocasiones no sirven más que para estigmatizar a la persona. Mi objetivo es entender cómo se ha roto la brújula de tus sentimientos en este mundo moderno.

Tomemos, por ejemplo, esa famosa etiqueta clínica que tanto asusta: la 'falta de empatía'. Los estudios dicen que no conectas con el dolor ajeno. Sin embargo, en tu vida diaria, esto no significa que seas un villano de película que disfruta sádicamente con el sufrimiento de quienes te rodean. Lo que significa, es que presentas un bloqueo severo en tu capacidad de resonancia afectiva.

Imagina que intentas procesar una información afectiva sutil y vulnerable de tu pareja, pero tu propio sistema de alerta está emitiendo señales de amenaza a la máxima intensidad. Esa interferencia perceptiva constante no es maldad, es tu necesidad de mantener intacta tu creencia para no desmoronarte.

Cuando alguien se acerca a expresar su vulnerabilidad, tu forma de percibir dificulta sintonizar su frecuencia. El ruido de tus propias inseguridades o el miedo a perder el control ahogan su voz. Cuando alguien íntimo se acerca a contarte un problema o a expresarte cómo se siente, literalmente no puedes escuchar su frecuencia. Tu propio ruido interno ahoga su voz.

Por lo tanto, se deforma la intimidad, la forma de percibir al otro se vuelve biológica y emocionalmente más difícil.

Pensemos ahora en tu "sentido de derecho" (ese entitlement del que hablan los manuales). En tu día a día, esto se traduce en cómo exiges, casi sin darte cuenta, un trato preferencial. ¿Cómo se ve esto en el siglo XXI? Se observa en tu alta irritabilidad cuando no te responden inmediatamente un mensaje. Se ve en la oficina, cuando te apropias del mérito de un proyecto grupal porque tu convicción interna te dicta que el equipo es, en el fondo, solo un instrumento. Tu deseo natural de colaborar se ha deformado. Sientes que el mundo te debe pleitesía porque lo has aprendido así. Cuando la realidad –que es terca y no siempre obedece– te lleva la contraria, no sientes una simple decepción. Experimentas rabia, sintiendo que los demás no están cumpliendo con la prioridad que crees merecer.

Y qué decir de la "explotación interpersonal". En la era de las redes sociales, tu estructura mental encuentra su paraíso particular. Para ti, las personas corren el riesgo de dejar de ser seres humanos complejos con los que intercambiar experiencias, para convertirse en simples reguladores externos. Tus relaciones o parejas pueden transformarse en accesorios para mejorar tu avatar digital o tu imagen pública. Mientras el otro te devuelva una imagen de adoración, te resulta útil; pero en el momento en que esa persona expresa una necesidad propia o te hace una crítica, sientes que ese espejo se empaña. Es entonces cuando tu impulso es desecharla sin miramientos, dificultando enormemente la posibilidad de mantener una constancia emocional o un vínculo afectivo duradero. En ese estado, sientes que aceptar un límite equivale a renunciar a quien eres.

Para que puedas identificar estas dinámicas sin perderte en terminología médica, he creado este diccionario de traducción.

Tabla 3: Diccionario de *Terapia Espinosa*: El diagnóstico en la Vida Moderna

Término Clínico Tradicional (DSM-5)	**Traducción a la Vida Moderna** (*Terapia Espinosa*)
Sentido grandioso de la propia importancia.	**El Avatar Inquebrantable:** La creación de una fachada (en redes, en el trabajo, en su círculo) donde todo es perfecto. La *creencia* de que las reglas que aplican al resto de los mortales no aplican a él.

Preocupación por fantasías de éxito ilimitado, poder o belleza.	**El Terror a lo Ordinario:** La ansiedad crónica y silenciosa por no ser extraordinario. Vivir una vida "normal", tranquila y sin sobresaltos se percibe como el mayor de los fracasos y una humillación insoportable.
Sentido de derecho (Entitlement) y expectativas irracionales.	**El Guionista Frustrado:** La rabia constante cuando el mundo, la pareja o los amigos no recitan el guion idealizado que el narcisista ha escrito en su cabeza. Exigir trato VIP sin haber puesto el esfuerzo para merecerlo.
Explotación interpersonal (aprovecharse de los demás).	**El Otro como Espejo:** Ver a las personas como "suministros" de atención. Las relaciones no buscan conocer a la otra persona por cómo es, con sus defectos y rarezas, sino instrumentalizar al otro de forma unilateral para sostener la propia autoimagen y la regulación afectiva, desechando a la persona en el momento en que deja de proporcionar validación.
Falta de empatía: incapacidad para reconocer los sentimientos de otros.	**La Sordera Emocional:** El ruido de la propia necesidad de validación suena tan alto en su mente que le incapacita para registrar el dolor o la alegría genuina de la persona que tiene enfrente. No hay maldad calculada, hay ceguera relacional.
Envidia de los demás o creencia de que le envidian.	**El Juego de Suma Cero:** La incapacidad para estar contento con el mundo tal como es. Si alguien más brilla, el narcisista siente que se apaga. Proyecta su propia envidia creyendo que todos confabulan contra él por ser tan "especial".

Traducir los comportamientos a la experiencia humana nos quita la venda de los ojos. Nos permite ver que detrás del monstruo que a veces dibuja la cultura popular, hay un ser humano atrapado en un mecanismo de defensa terriblemente defectuoso. Al entender tu sordera, tu terror a lo ordinario y tu necesidad de usar a los demás como reguladores externos, recuperarás el poder sobre tu vida.

La artificialidad, la risa y el inicio del cambio

Pero si este libro -como os digo- es una brújula, debemos plantearnos la pregunta más importante: ¿cómo se rompe el hechizo? ¿Cómo logra una persona atrapada en el comportamiento narcisista salir de esa prisión arrogante y comenzar a vivir? La respuesta no se encuentra en un castigo, ni en una epifanía trágica, sino en la toma de consciencia de una verdad: la personalidad narcisista es, íntimamente, un fraude agotador. Es pura artificialidad.

Para entender el inicio de la curación, quiero rescatar una idea brillante del filósofo Henri Bergson en su célebre ensayo sobre "La risa". Bergson decía que lo cómico, aquello que nos provoca la risa, surge cuando observamos "lo mecánico calcado sobre lo vivo". Imagina a un hombre caminando por la calle; si tropieza y cae porque su cuerpo se mantuvo rígido como un tronco en lugar de adaptarse ágilmente al obstáculo, nos reímos. Nos reímos porque ha actuado como una máquina, como un autómata, en lugar de actuar como un ser humano vivo y flexible.

La estructura que has levantado para sobrevivir a tu dolor es un artificio parecido. Esa creencia que sostienes sobre ti mismo —ese cuerpo formal rígido del que hablábamos— no es un tejido vivo que respira, cede y se adapta con naturalidad a los golpes; es una armadura pesada, una estatua de piedra.

La vida humana, en su inmensa belleza, es fluida, caótica e impredecible. Nos demanda que nos adaptemos constantemente a través de nuestras experiencias y de nuestras fricciones cotidianas con los demás. Para navegar por este caos sin hundirte, necesitas tomar decisiones que nazcan de una reflexión honesta y realista sobre lo que tu cuerpo y tu mente realmente están sintiendo. Tu ser solo logrará sostenerse en paz si permites que tus creencias se vuelvan a adaptar tras cada nueva experiencia, aceptando la realidad tal como te afecta. Sin embargo, cuando el miedo te domina, sientes la tentación de engañarte. Deseas con todas tus fuerzas que tu máscara sea real, forzando a tu mente a creer que eres superior, perfecto o intocable para protegerte de la herida. Te lo pido directamente: no lo hagas.

Si te esfuerzas en mantener una imagen irreal, es muy probable que el contraste con la realidad te pase factura. La tensión aparecerá porque, tarde o temprano, la vida te exigirá intimidad real. Alguien a quien amas te pedirá empatía, un amigo te mostrará su vulnerabilidad desnuda, o el dolor de un ser querido buscará desesperadamente tu consuelo. Y en ese preciso instante, al no tener un tejido vivo y poroso con el que sentir al otro, tu estructura rígida colapsará. Como no sabes dejarte afectar de forma natural ni toleras la fricción del dolor ajeno, tu mente percibirá una gran amenaza y ejecutará su mecanismo automático de supervivencia: activará de golpe la actitud de grandiosidad, desplegará el victimismo, atacará para defenderse o exigirá ser el centro de atención.

En esos momentos, intentas desesperadamente imitar el calor de la vida humana desde el interior de una prisión defensiva. Y quiero que reconozcas algo que llevas ocultando mucho tiempo. Al mantener esta actitud defensiva, estás forzando tu mente para fingir, y esto requiere un consumo de esfuerzo inmenso.

Ningún sistema nervioso puede mantener este nivel de tensión indefinidamente. En la vida de toda persona atrapada en esta estructura, llega un momento en que la realidad se impone. Puede ser un fracaso profesional, el abandono de una pareja que ya no soporta el vacío, o simplemente el peso aplastante de los años interpretando un papel. Ahí, el programa falla. La *creencia* se quiebra y la máscara colapsa, cayendo al suelo en pedazos.

Lo que queda al descubierto cuando tu máscara se rompe es un momento de vulnerabilidad: vergüenza y desnudez frente al otro. De pronto, el escudo ha desaparecido. La experiencia pura y dura de la realidad impacta contra tu piel sin ningún tipo de filtro. Ya no hay grandiosidad para amortiguar el golpe. Experimentas la vulnerabilidad del fracaso, el aislamiento y la incomodidad de enfrentarte a la realidad sin la protección de tu autoimagen idealizada.

A los ojos del mundo, y a los tuyos propios, este momento sueles vivirlo como una gran crisis de identidad. Sin embargo, desde la terapia sabemos que esta crisis es, en realidad, un punto de inflexión necesario y positivo. La vergüenza que sientes es la prueba de que el autómata de supervivencia se ha apagado y el ser humano, aunque aterrado, ha vuelto a encenderse.

Y es aquí, en medio de los escombros de la propia identidad, donde podemos preguntarnos. ¿Qué pasa cuando uno mira los restos de esa pesada armadura mecánica que arrastró durante décadas? Surge la risa. No una risa burlona ni cruel, sino una risa consecuente y consciente. Aprender a reírse de la propia artificialidad es el primer momento de consciencia real en la vida de un narcisista en recuperación.

Cuando la persona es capaz de sonreír y decirse a sí misma: *"No puedo creer que haya gastado la mitad de mi vida intentando convencer al mundo de que yo era una idea con la que me obsesioné, cuando en realidad solo soy un ser humano asustado y ordinario". La distorsión cognitiva se desactiva y cruza un punto de no retorno donde la antigua estructura defensiva pierde su función de refugio* . Ya no permites ningún sentimiento que no permita reconocer tus sentimientos.

La risa salva porque desactiva la tragedia del ego. Reírse de uno mismo es la máxima demostración de que, por fin, se está *percibiendo* la realidad en lugar de imaginarla.

En ese instante de humor y autoaceptación, los tres sentimientos vuelven a funcionar. La *experiencia* se valida sin miedo. La *creencia* falsa que tiene de sí y el mundo se autocrítica y acepta para dejar paso a una identidad humana, falible, y hermosa en sus defectos. Los *deseos* dejan de perseguir espejismos de grandeza y empiezan a buscar la intimidad curiosa con lo que me rodea. Al reírte de tu propio artificio, te vuelves accesible para el otro, abres de par en par las puertas a la intimidad con el otro, a la posibilidad de reconocer nuestras experiencias. Este es el nacimiento de la felicidad: esa alegría tranquila que no es otra cosa que la aceptación de quiénes somos, con nuestras luces y sombras, sin la necesidad de ser nada más.

Capítulo 3: Mitos sobre el narcisismo

Cuando la palabra "narcisista" salta a las conversaciones cotidianas, a las redes sociales o a las películas, casi siempre lo hace en forma de caricatura. Nos han enseñado a imaginar a un villano de manual: alguien inquebrantable, cruel, obsesionado con el éxito y desprovisto de cualquier rastro de humanidad. Esta imagen no solo es inexacta, sino que es peligrosa.

Desmontar estos mitos es una cuestión de supervivencia para todos los que estáis en esta sala:

Si eres quien sufre el impacto de esta personalidad: Necesitas dejar de creer en estos mitos para poder entender realmente qué es lo que tienes delante y dejar de culparte.

Si eres tú quien padece el trastorno: Necesitamos derribar estas mentiras para que encuentres el valor de pedir ayuda, porque es imposible sanar si la sociedad te obliga a identificarte con un monstruo.

Para poder aplicar una terapia psicológica y cambiar desde la raíz, necesitamos limpiar nuestra mirada. Vamos a desmontar las tres grandes creencias limitantes que oscurecen la naturaleza del narcisismo traduciéndolas al lenguaje de nuestros sentimientos.

Mito 1: "Tienen la autoestima altísima".

La realidad: Tu autoestima es frágil y contingente; es un espejismo que requiere un suministro constante.

Si es tu caso, a los ojos de los demás tu seguridad puede parecer un castillo, con muros y banderas. Sin embargo, tú y yo sabemos que ese castillo está construido sobre cimientos de arena. Lo que la sociedad confunde con una "autoestima alta" es, en realidad, una estructura defensiva que se tambalea ante la brisa. Contrario al mito de que te sientes superior y seguro en todo momento, tu autoimagen funciona como una montaña rusa, especialmente si tu perfil tiende hacia lo sensible o lo vulnerable.

Tu valor personal no nace de dentro hacia afuera; se construye de fuera hacia adentro. Dependes en gran medida de lo que los demás piensan de ti, buscando constantemente ese reconocimiento que sostenga tu sentido de valía. Para entender esta física de tus emociones, debemos mirar hacia tu motor interno, ese deseo natural por persistir y aumentar tu capacidad. En una estructura sana, este impulso se dirige a nutrir tu propio ser. Pero en tu caso, ese motor está desviado hacia la gestión de una imagen idealizada. Estás gastando una energía colosal no en vivir, sino en mantener el decorado.

Imagina que estás en una reunión social y recibes elogios por tu carisma o tu inteligencia. En ese instante, tu sensación de poder parece inquebrantable; sientes que tus capacidades se expanden y la alegría te inunda. Pero basta con que alguien ignore tu opinión, o que el silencio de una persona a la que admiras se alargue más de la cuenta, para que el castillo comience a crujir.

Esto ocurre porque tus creencias sobre ti mismo no están ancladas en experiencias reales y asimiladas —en la infancia quizás se te exigió perfección o se te sobreprotegió hasta anular tu autonomía—, sino en una imagen externa. Si tu percepción está filtrada por la necesidad de ser excepcional, cualquier impacto externo, cualquier pequeña afección negativa, se transforma; la procesas y traduces como un afecto de tristeza y humillación. Consiste para ti en un ataque directo a tu identidad.

Tu autoestima está atrapada en un deseo deformado, donde tu valor depende de cómo te perciben aquellos a quienes valoras. Vives en un ciclo de refuerzo intermitente: la admiración te eleva a un estado de euforia artificial, pero la indiferencia te genera sensación de vacío y soledad. Es una autoestima prestada, un oxígeno externo que necesitas inhalar para no sentir que te asfixias en tu propia soledad. Sanar significa dejar de ser un ilusionista de tu propia imagen para empezar a habitar tu verdadera piel, aceptando que ser "ordinario" no es una sentencia de muerte, sino el único camino hacia la paz real.

Mito 2: "Son psicópatas sin sentimientos"

La Realidad: Tienes emociones intensas, pero desreguladas y bloqueadas por una forma de percibir aprendida.

Es fácil y tentador pensar que no sientes nada, que tus afectos están completamente bloqueados frente a los demás. Pero la verdad es más compleja y, en cierto modo, más esperanzadora. Tú sí tienes emociones —sientes alegría, tristeza, terror y vergüenza—, pero estas se encuentran encapsuladas en esquemas cognitivos tan rígidos y estructurados que, para sostenerlos, te ves obligado a evaluar constantemente la situación y calcular tu próximo paso; por eso son difíciles de ver, incluso para ti mismo.

A diferencia de en el autismo (donde hay una ausencia neurobiológica de empatía mayor), en los trastornos de personalidad se tiene la capacidad biológica de conectar, pero tu sistema está desregulado. Tu empatía a menudo se muestra de forma instrumental, como si solo se encendiera cuando hay algo que ganar: un cumplido, admiración o evitar un abandono. Esto ocurre porque tus emociones son inestables. La atención externa se ha convertido en una necesidad compulsiva, el refuerzo principal que sostiene tu autoimagen.

Cuando tu supervivencia emocional depende casi en exclusiva de la imagen que proyectas frente al mundo, tu estructura interna se vuelve tan rígida y pesada que resulta casi imposible dejar un espacio genuino, un rincón seguro, para acoger los sentimientos de otra persona. Esta fragilidad que te esfuerzas a diario por ocultar hace que el simple acto de conectar verdaderamente con alguien —esa intimidad cálida, humana y real que solo brota cuando nos atrevemos a compartir nuestras heridas y nuestra vulnerabilidad a lo largo del tiempo— se convierte para tu mente en un desafío. Bajar la guardia significa, para tu instinto, arriesgarte a perder por completo tu identidad.

Por eso quiero decirte algo que poca gente entiende: sé que no es que estés vacío por dentro, ni es cierto que carezcas de la capacidad humana de amar o de sentir. Lo que realmente ocurre es que todos tus sentimientos, tu deseo por sobrevivir, se encuentra fuertemente condicionado por un miedo a no ser suficiente, a ser descubierto y, en última instancia, abandonado. Es esta intensa sensación de amenaza la que a menudo te empuja, como un reflejo de supervivencia, a buscar en las personas que te rodean la valía que calme tu inseguridad. Y al hacerlo, ese miedo te arrebata la maravillosa oportunidad de abrazarlos y tratarlos como lo que realmente son: compañeros vivos, frágiles e iguales a ti, con los que podrías compartir este viaje sin necesidad de llevar puesta ninguna creencia protectora.

Mito 3: "Son personas que piensan que es bueno ser superior, por tanto son de derechas ideológicamente"

La realidad: Tu estructura no tiene ideología; es una mecánica de supervivencia que puede disfrazarse tanto de tirano como de santo, tanto de capitalista despiadado como del mayor progresista del siglo.

A menudo imaginamos al narcisista como un CEO implacable o alguien que presume de su grandeza con fanfarrias. Pero tu estructura no siempre requiere un escenario iluminado ni una cuenta bancaria abultada. A veces, y esto puede ser lo más difícil de admitir, se esconde detrás de tu máscara de timidez, de tu inseguridad, de tu victimismo o incluso de tu humildad aparente. Este es el territorio del narcisismo vulnerable, una forma de habitar el mundo donde la necesidad de ser "especial" se filtra a través de la herida y no del éxito.

Si tu comportamiento es el del narcisismo vulnerable, puedes ser ese padre de familia de clase trabajadora, ese compañero de oficina callado o ese amigo que casi siempre parece estar cargando con la cruz más pesada de la reunión. En tu caso, la exigencia de un trato diferenciado no se manifiesta pidiendo una alfombra roja, sino exigiendo que el mundo se detenga ante tu dolor: "Nadie sufre tanto como yo", "nadie se sacrifica tanto como yo", "el mundo es injusto".

Pero demos un paso más hacia una de las formas más sofisticadas, el ámbito del narcisismo en la moral altruista. Reflexiona con honestidad: ¿Deseas la fama por ser el mayor progresista del grupo? ¿Necesitas que te reconozcan como el que más ayuda a los pobres, el más ecologista o el más "despierto"? Si tu valor como ser humano depende de ser percibido como el "héroe de la moral", sigues atrapado en la misma creencia que el CEO al que desprecias. Tu percepción del mundo se ha vuelto a deformar: el otro ya no es un ser humano al que ayudar, sino un instrumento para confirmar tu propia santidad.

Esta forma de percibir genera comportamientos verdaderamente perversos. Cuando tu deseo se alimenta de tu imagen de "salvador", acabas necesitando que haya víctimas para poder salvarlas. Inconscientemente, podrías llegar a desear que la injusticia continúe para que tú puedas seguir siendo el protagonista de la lucha. Si tu alegría depende de ser aplaudido por tu bondad, no es una alegría real, es una alegría adulterada que nace de la comparación y la soberbia oculta.

El peligro de esta máscara es que es socialmente irreprochable. ¿Quién va a criticar a alguien que se desvive por los demás? Sin embargo, por dentro, tu forma de percibir sigue desconectada y la sensación de vacío persiste. Estás utilizando las causas sociales como un "suministro" de validación.

Si un día dejas de recibir likes por tu activismo, o si alguien te señala una contradicción, tu reacción no será de reflexión, sino de rabia o victimismo. Esa es la prueba de que no te importa la causa, sino cómo la causa te hace ver a ti.

La solución a este laberinto no es dejar de ser solidario o abandonar tus ideales. La solución es la humildad radical de la que hablamos en este libro: la capacidad de hacer el bien de forma anónima, sin que nadie lo sepa, aceptando tu ordinaria imperfección. Curarte significa entender que no necesitas ser "el más" nada —ni el más exitoso, ni el más sufridor, ni el más progresista— para tener derecho a existir.

Tu búsqueda de atención constante, aunque se disfrace de justicia social, es solo la punta del iceberg de un vacío que intentas llenar con la mirada de los demás. No necesitas salvar al mundo para salvarte a ti mismo; necesitas bajar del pedestal de tu moralidad y empezar a conectar con los demás de igual a igual, de ser humano a ser humano, sin filtros ideológicos que te coloquen por encima de nadie. Solo cuando aceptes que eres una persona normal, con luces y sombras, podrás aceptarte, sin necesidad de un público que te valide.

Una reflexión para el camino

Este es el momento de aprender a mirar debajo de la creencia. Te invito a hacer una pausa activa en la lectura:

Reflexión si intentas sobrevivir al impacto de estas dinámicas: ¿En qué momentos te sorprendes justificando su frialdad porque crees que con tu amor podrás curar su herida? ¿Qué ocurriría si redirigieras toda esa amabilidad para proteger tu propia identidad?

Reflexión si te reconoces en estas dinámicas narcisistas: ¿En qué momentos cotidianos sientes que tu valía depende exclusivamente de lo que otros piensan de ti? ¿Qué ocurriría si, en lugar de buscar esa aprobación, exploraras tus propios miedos con curiosidad y amabilidad?

No hay nada roto, ni ninguna falta de desarrollo completamente irreparable. Ese impulso de buscar cumplidos o de sentirte herido por una crítica es solo una señal de que tu corazón está buscando seguridad. Este es el comienzo de un viaje hacia una autoestima más sana y autónoma; un paso que, aunque desafiante, te permitirá construir relaciones donde puedas ser visto y valorado por quien realmente eres, puede que con muchos defectos, más de los que ahora crees que alguien desearía conocer.

Los dos rostros del trastorno: Diferencias interaccionales entre el narcisismo grandioso y el vulnerable.

Hemos utilizado la palabra "narcisismo" para describir una estructura mental averiada, un ego frágil que, al no poder tolerar la realidad, se esconde tras una *creencia*. Sin embargo, si queremos que *Terapia Espinosa* sea una herramienta quirúrgica y precisa en tu vida, debemos hacer una distinción terapéutica. El narcisismo no es un bloque monolítico. No todas las personas que entran en la consulta —ni todas las personas tóxicas que desgastan a sus familias— se comportan de la misma manera.

El núcleo del comportamiento es común: el fallo en el procesador central (la percepción alterada que ve amenazas en lugar de afecto) y la tiranía de **la sobreestimación** (la necesidad de validación externa). Sin embargo, la estrategia de supervivencia, la máscara que eligen para interactuar con el mundo, se bifurca en dos caminos radicalmente distintos. Son dos manifestaciones conductuales distintas que parten de una estructura subyacente.

Investigaciones de psicopatología moderna identifican dos caminos: el **Narcisismo Grandioso** y el **Narcisismo Vulnerable**.

Cómo te adelanté en el capítulo 2, comprender la diferencia entre la grandiosidad que exige atención y la vulnerabilidad que proyecta culpa es fundamental para identificar tus propias dinámicas de manipulación, ya que estas suelen operar de forma inconsciente.

1. El Narcisismo Grandioso: El sol que ciega y quema

Esta es la imagen clásica, el estereotipo que a todos nos viene a la mente. Si te comportas y sientes desde la estructura del narcisismo grandioso, sueles mostrar una actitud imponente; eres esa persona que entra en una habitación y espera, por su mera presencia, que la atención se centre en ella, que todos los focos te apunten y, seguramente, sabes hacerlo mejor que el resto.

Desde nuestra perspectiva terapéutica, tu procesador interno, o tu forma de percibir aprendida, traduce el mundo como un inmenso escenario o un campo de batalla donde debes ser protagonista. Para ti, las demás personas a menudo dejan de ser sujetos independientes con necesidades propias; se transforman, como vimos en el capítulo 4, en "súbditos" que deben facilitarte la vida, o en simples "espejos" cuya única función es reflejar y confirmarte.

Quiero que observes con compasión cómo te comportas cuando interactúas con los demás desde ese lugar. Haz memoria y recuerda el inicio de tus relaciones. Es natural que en los primeros días o meses las personas pasen por una fase de enamoramiento; un estado donde la mente idealiza a la otra persona, donde ambos os obsesionáis y os hundís en esa intensa y hermosa imaginación de lo que podría ser hacer vida juntos.

Sin embargo, cuando tu imaginación se activa desde el miedo y la defensa, inicias esta fase impulsado por la urgencia de asegurar el control. En este periodo, tu comportamiento resulta muy seductor debido a tu adaptación a las expectativas del otro; inviertes buena parte de tu esfuerzo cognitivo en ofrecer una atención desmedida para garantizar su validación y confirmarte a ti mismo, convenciéndola de que —y a veces creyéndotelo tú mismo— es la persona más afortunada del universo por haber sido elegida por ti.

Pero te pido que mires debajo de esa actuación con honestidad: en medio de toda esa aparente pasión y de esa atención desmedida, ¿qué hay? En esa obsesión, ¿hay interés por mostrar tu propia vulnerabilidad? No, ni tampoco por conocer genuinamente la de tu pareja. Las preguntas que realmente construyen la intimidad y el afecto estable: ¿Qué te hizo tanto daño en el pasado? ¿Quién te hirió? ¿Por qué te dolió de esa manera? ¿Cómo te sentirías si volviera a ocurrir? ¿Cómo lograste superarlo? —Simplemente no existen en tu guión. No tienen cabida dentro de este violento enamoramiento.

Tu estructura rechaza estas preguntas porque no acepta la vulnerabilidad en el afecto mutuo. Y la razón de este rechazo no es que seas una persona cruel; es que resulta emocionalmente problemático que aceptes y sostengas la vulnerabilidad del otro cuando tú mismo no tienes acceso a la tuya. Tu propia fragilidad, tu tristeza y tus miedos han quedado fuertemente bloqueados por el miedo a no ser suficiente.

Es exactamente por esto por lo que, trágicamente, tus relaciones se mantienen en riesgo de rotura, y suelen romperse. Cuando la fase de la imaginación compartida se agota, cuando el espejismo de la perfección se desvanece y la vida real os exige que os sostengáis mutuamente en los defectos y en la verdad, tus deseos desaparecen. Al final, fuertemente condicionado por el miedo a ser descubierto y abandonado, tu propio sistema de defensa te impidió buscar un compañero de vida con el que caminar. En su lugar, el pánico te obligó a fabricar un admirador cautivo que te aplaudiera y sostuviera.

Quiero que sepas algo sobre cómo interactúan nuestros afectos; consiste en lo que sientes cuando te resulta imposible sostener la vulnerabilidad. Quiero que observes lo que pasa cuando tus creencias han adoptado esa pesada coraza de grandiosidad. En realidad, tu objetivo diario consiste en regular la tristeza y la inseguridad sobre tu identidad mediante el control exhaustivo del entorno.

Si la fricción diaria con la realidad te muestra, aunque sea en un segundo, que no eres algo que quieres ser, si alguien no te ofrece la atención que necesitas, tu ser entra en pánico. Ante esa amenaza, tu instinto de supervivencia no se detiene a reflexionar; reacciona desencadenando ira.

Si alguien, incluso la persona que más te quiere, se atreve a ponerte un límite sano, te lleva la contraria o, simplemente, deja de aplaudirte, tu estructura no te permitirá ponerte en su lugar. El terror al abandono y a la debilidad te empujará, casi como un acto reflejo, a intentar devaluar o atacar emocionalmente a quien te ha frustrado. En ese estado de emergencia emocional, y en ese momento, devaluarás a esa persona de forma severa; usarás tu inteligencia para intentar demostrar tu superioridad y minimizarla. Y quiero que entiendas por qué lo haces: lo haces en un intento desesperado, casi agónico, por recuperar la efímera sensación de que sigues estando por encima del peligro.

Esta violencia intimidatoria, nace de un engaño trágico de tu propia mente. Tu percepción sobre quién eres tú y quiénes son los demás te ha convencido de que dominar al otro, controlarlo o someterlo es una prueba de poder, es la prueba sentida de tu capacidad para hacer. Sin embargo, al actuar desde esa defensa, estás ignorando una lección que será dura. Aquel ser humano que necesita aterrorizar a su pareja, someter a sus amigos o humillar a sus empleados para sentir que es alguien, no es un rey todopoderoso. Es, en realidad, una persona sumamente dependiente, fuertemente condicionada por el miedo a su propia fragilidad.

2. El Narcisismo Vulnerable: El aislamiento a través de la queja.

Aquí es donde la cultura popular y los manuales diagnósticos clásicos a menudo se quedan cortos, dejando a miles de víctimas en la confusión. ¿Qué pasa cuando la persona que te hace la vida imposible no es un triunfador arrogante, sino alguien que parece inseguro, tímido o que siempre está sufriendo? Te presento al narcisista vulnerable (también conocido como narcisista encubierto).

Mientras que el perfil grandioso exige atención directa y visible, el vulnerable absorbe la energía del entorno desde el victimismo y la queja silenciosa.

El procesador perceptual del narcisista vulnerable está igualmente roto, pero su filtro es diferente. En lugar de percibir el mundo como un reino que dominar, percibe el mundo como un lugar injusto, hostil y cruel que se niega a reconocer su "grandeza oculta". Si tu comportamiento es el del narcisismo vulnerable, estás íntimamente convencido de que eres especial, un genio incomprendido o un santo sacrificado, pero sientes un terror paralizante a exponerte al fracaso público. Por lo tanto, en lugar de subirte al escenario a exigir aplausos, te escondes en las sombras, observando con resentimiento cómo los demás reciben la atención que crees merecer.

Para otras personas, convivir contigo puede sentirse a menudo como caminar sobre un campo minado, donde un paso en falso detona un conflicto impredecible. Tu agresividad no es directa ni explosiva; es puramente pasivo-agresiva. Es el maestro del castigo del silencio, de los suspiros, de las indirectas y, en fin, de la victimización.

Si tu actitud es la del narcisismo vulnerable, sueles experimentar con gran frecuencia emociones de alto desgaste, como la envidia y el resentimiento. Tu sobreestimación es interna y silenciosa: "Yo soy mejor que ellos, yo sufro más que nadie, yo amo más profundamente, pero este mundo superficial no me valora".

En tus relaciones de pareja o familiares, utilizas la culpa como tu arma principal de control. Mientras la estructura grandiosa domina, haciendo sentir inferior al otro, tú controlas haciendo sentir a tu pareja el verdugo de tu sufrimiento. Si tu pareja tiene un día maravilloso y llega a casa feliz, tu amígdala no te permite alegrarte. En cambio, te muestras repentinamente triste, te quejas de una dolencia misteriosa o recuerdas una tragedia pasada para desviar la atención hacia ti, y aliviar la incomodidad que te produce su alegría. Juegas a las "olimpiadas del sufrimiento": no es verdad que nadie esté más cansado, más enfermo o más herido.

Si tu pareja intenta ponerte un límite o explicarte cómo tu actitud le está dañando, tu forma de percibir la situación traduce esa expresión de dolor como un ataque personal. Automáticamente, le das la vuelta a la situación y comienzas a llorar desconsoladamente, acusándole de ser un monstruo insensible por atacar a alguien tan frágil como tú. Al final, logras que sea la otra persona (la víctima original del conflicto) quien termine pidiendo perdón para calmar tu llanto. Esta extracción de energía a través de la pena es una de las defensas más destructivas y difíciles de identificar para tu entorno, porque la sociedad nos enseña a compadecernos del que llora, sin saber que, en tu caso, esa victimización es el mecanismo que perpetúa tu aislamiento.

A pesar de sus diferencias interaccionales tan marcadas, *Terapia Espinosa* nos exige recordar en todo momento que ambos perfiles comparten el mismo andamiaje entorpecido. Ya sea gritando desde la cima (grandioso) o llorando desde el rincón de los agraviados (vulnerable), ambos carecen por completo de los tres sentimientos sociales.

Quiero que mires las dos formas principales que puede adoptar esta coraza defensiva que has construido. Porque ya sea que te refugies en una actitud de grandeza o en una postura de vulnerabilidad, el sufrimiento que padeces en tu interior tiene una consecuencia común: te resulta emocionalmente imposible cruzar el puente hacia la intimidad real con otra persona.

Si tu creencia defensiva te empuja a sentirte superior y grandioso, no logras conectar con nadie porque vives aterrorizado; crees que mostrar una grieta, un defecto o una duda te debilitará y te destruirá frente a los otros ojos. Por el contrario, si tu cuerpo formal ha adoptado el papel del vulnerable, tampoco puedes intimar, porque estás tan ocupado y agotado defendiendo tu posición, que no te queda espacio, ni fuerza alguna, para escuchar o acompañar el dolor real de quien tienes enfrente. En ambos casos, la soledad es la norma.

Al vivir atrapado en estas formas tan rígidas, careces por completo de un clima emocional sereno. Tu interior es un mar sin ancla. Si vives desde la superioridad, tus emociones dependen de los halagos y de la admiración del entorno. Si vives desde la herida, tu frágil alivio depende de que el mundo te compadezca y dé la razón de tus quejas. Sin darte cuenta, has dejado tu estabilidad a merced del exterior, experimentando una oscilación constante y dolorosa, gobernado por lo que los demás hacen o dejan de hacer.

Y aquí radica la tragedia de asfixiar tu curiosidad natural y tus deseos dentro de esta armadura: mientras no logres soltarla, no podrás alcanzar esa aceptación con lo que eres y de cómo es la vida que te rodea.

Si habitas la estructura del narcisismo grandioso, tu día a día se convierte en una competencia constante y solitaria para mantener el control. Si tu comportamiento es el del narcisismo vulnerable, te aíslas en la queja y el resentimiento crónico. Ambas actitudes, aunque parezcan opuestas, persiguen lo mismo: ocultar tu capacidad de ser afectado. El agotamiento mental de sostener este teatro día tras día es insoportable.

La onda expansiva de esta maquinaria nos alcanza a todos, y cada uno necesita una herramienta distinta para afrontarla:

Para el entorno (pareja, hijo o amigo): Saber reconocer qué rostro del narcisismo tienes delante es tu mayor escudo. Tu supervivencia emocional requerirá establecer límites claros frente a su agresividad (si es grandioso) o negarte a jugar el papel de salvador (si es vulnerable).

Para ti, colega terapeuta: Nuestra misión en la consulta requiere una precisión que va más allá del juicio moral. No podemos empujar la pared de sus defensas con fuerza bruta; nuestro trabajo es convertirnos en ese espejo neutral que les obliga a mirar el coste de su estrategia.

Sabemos que detrás de la soberbia aplastante o del llanto manipulador, ambos perfiles están atrapados en el mismo engaño de sobreestimación, y solo reproducen su comportamiento alterado. No podemos empujar la pared de sus defensas con fuerza bruta, porque se defenderán atacando. Nuestro trabajo es convertirnos en ese espejo neutral que no les devuelve ni pleitesía ni condena, obligándoles a mirar el coste real de su propia estrategia de supervivencia.

El objetivo último de este viaje que emprendemos los tres en este libro es, en esencia, el mismo: recuperar la capacidad de vivir sin que la existencia sea una amenaza constante. Ahora que hemos empezado a ver cómo funcionan los engranajes, el siguiente desafío es aprender a desprenderse del personaje. Es atravesar un proceso inmenso y a ratos doloroso: el de tolerar el miedo a ser un ser humano común y corriente, alguien que necesita de los demás y que, como todos, está lleno de grietas.

Para quien convive con esta estructura o para quien la analiza desde la silla del terapeuta: El descubrimiento es similar. Ya no buscamos ganar una guerra ni reformar a la fuerza la mente del otro. El objetivo es desmantelar la idea de que la realidad es un campo de batalla donde solo uno puede quedarse en pie. Al final del día, lo que buscamos es descubrir que la vida no es una competencia, sino un espacio compartido.

Para ti, que habitas esta estructura: Debes saber que caminar por el mundo sin armadura no es un acto de debilidad, sino de una valentía que hasta ahora no te habías permitido. En ese espacio compartido de experiencias que estás creando es donde, por primera vez, no necesitas ser el más fuerte, el más herido ni el más especial para tener derecho a sentir. Es el paso de la vigilancia perpetua a la paz de saber que, pase lo que pase fuera, tienes las herramientas para que tu sentimiento interno no se convierta en una cárcel.

Capítulo 4: Los 6 sentimientos y el cambio empático

Los sentimientos son el lenguaje del alma, la manera en que el mundo se comunica con nosotros y nosotros con el mundo. Según el principio que sustenta este libro, todo lo que nos afecta —un recuerdo, una palabra, una mirada— nos confirma que existimos. Los sentimientos son infinitos, porque abarcan cualquier experiencia que nos toca, desde las sensaciones fisiológicas más sutiles hasta las emociones más intensas y desbordantes. En el contexto de tu estructura de personalidad, los sentimientos suelen estar desbalanceados, atrapados en una búsqueda de validación externa que, paradójicamente, ignora la conexión real con los demás. Para sanar y para crecer, necesitas aprender a identificar estos sentimientos, a localizarlos en tu cuerpo y en tu mente, y a reproducirlos en tu comportamiento de forma funcional.

Identificar lo que sentimos es el inicio de cualquier proceso terapéutico, especialmente para quienes lidian con dificultades de personalidad y vacíos estructurales. Preguntarnos «¿qué siento?» y «¿dónde lo siento?» nos ayuda a localizar las emociones en nuestra experiencia física, a darles un lugar en nuestra narrativa personal para que no nos dominen desde la sombra. Esta identificación no es solo un ejercicio de introspección intelectual; es un acto de valentía somática que nos permite tomar las riendas de nuestra vida emocional. Para facilitar este proceso, clasifico los sentimientos en seis formas o categorías, cada una con su propia complejidad y su papel en la construcción de una mente más saludable. A continuación, exploraremos cada una con ejemplos que ilustran cómo pueden transformarse para fomentar el cambio empático.

Los tres primeros sentimientos —la experiencia, la creencia y el deseo— ocurren estrictamente dentro de uno mismo. Son la arquitectura íntima del "yo". Nacen en la soledad de tu propio cuerpo y de tu propio sistema nervioso: tú sientes el impacto de una experiencia, tú te cuentas una historia para formar una creencia sobre lo que eres, y tú sientes la curiosidad que enciende un deseo. Hasta aquí, el ser humano es un universo cerrado.

Pero la vida humana no ocurre en el vacío. Para sobrevivir y madurar, debemos dar el salto hacia los tres últimos sentimientos: el conocimiento familiar, la estabilidad de los afectos y el conocimiento experto. Estos tres no pueden existir en el aislamiento; requieren, obligatoriamente, de la existencia del "otro". Son sentimientos expansivos que se forman única y exclusivamente dentro de las relaciones.

El comportamiento narcisista no consiste en un exceso de ego o de vanidad; es, en su raíz, un fallo masivo y paralizante en el camino hacia los sentimientos sociales. Te aíslas en tu propia perspectiva. Ante el miedo que te produce la imprevisibilidad del "otro" —porque tiene voluntad propia y puede no darte la razón—, evitas la conexión íntima. Y al no cruzarlo, tus sentimientos individuales se estancan, se deforman y se vuelven dolorosamente artificiales.

Para que puedas medir el impacto de este bloqueo y cómo afecta a tu vida y a la de quienes amas, debes saber que la naturaleza humana tiende técnicamente a la perfección y al equilibrio. Los tres sentimientos sociales que se forman dentro de las relaciones tienen una equivalencia emocional con los tres sentimientos individuales. Son su reflejo ampliado en nuestra vida en común. Comprender esta equivalencia es descubrir la fórmula biológica de la madurez psicológica. Veámoslo paso a paso.

La primera chispa de la vida psicológica es la experiencia. Como vimos, es ese impacto fisiológico, emocional y primario que sientes en tu cuerpo ante un estímulo. Es lo que te afecta a nivel estrictamente individual.

Cuando cruzamos el puente hacia el mundo social, la experiencia encuentra su equivalencia directa en el conocimiento familiar. ¿Por qué? Porque el conocimiento familiar no es más que la suma constante, compartida y acumulada de múltiples experiencias dentro de una relación que, por ese mismo acto de acumulación, crea intimidad. Así como una experiencia te enseña qué te duele o qué te agrada a ti, el conocimiento familiar te enseña, a través de miles de pequeñas vivencias compartidas, quién es verdaderamente el otro. Es decir, crea en ti un sentimiento hecho de experiencias sobre cómo se comporta esa persona. Es, en las mejores ocasiones, mirarse a los ojos, mostrar las heridas, reírse de los mismos absurdos y saber, de forma intuitiva y corporal, que el otro te comprende sin necesidad de sobreexplicarte.

Fallas masivamente aquí porque no te permites experimentar al otro de forma vulnerable. Sin experiencias conjuntas reales e imperfectas —porque en tu estructura defensiva las relaciones a menudo se sienten como una actuación o una transacción—, resulta sumamente difícil que se desarrolle un conocimiento familiar sano.

El segundo paso en nuestra orilla individual es la creencia. Es la estructura del ego, la idea que formas sobre ti mismo («soy capaz», «soy digno de ser amado», «soy suficiente») a partir de las experiencias que has acumulado en la vida.

Al saltar al plano social, esta creencia tiene su equivalencia en la estabilidad de los afectos. Ser tú mismo, con tus límites y tus deseos, dentro de un mundo lleno de otras personas es el reto psicológico más complejo al que nos enfrentamos. ¿Cómo logramos no desintegrarnos ante la opinión, la indiferencia o el rechazo de los demás? A través de esta estabilidad.

El hecho de que tus experiencias sociales sean coherentes tiene que ver con tu capacidad para aceptar, a nivel social, lo que está pasando realmente a tu alrededor. Estimar el comportamiento de las otras personas consiste en sentir lo que puede pasar dentro de un grupo sin entrar en pánico ni ponerte a la defensiva. Si tienes una creencia individual sana, sólida y adaptable sobre quién eres tú y cómo son los demás, puedes salir al mundo y prever lo que puede ocurrir. Si alguien te critica, no te destruyes; si alguien te alaba, no te crees superior. Esta estabilidad afectiva genera un comportamiento que entiende el mundo con tranquilidad y paciencia. Te permite tomar decisiones a futuro sabiendo que, aunque la vida duela o los demás fallen, tú sabrás sostenerte.

Esta equivalencia nos enseña una de las lecciones más hermosas de la psicología humanista: la verdadera estabilidad afectiva nace de ejercer el poder desde lo vulnerable. Quien tiene una creencia sana sobre sí mismo sabe que es vulnerable; sabe perfectamente que lo pueden herir, decepcionar o rechazar. Pero no se siente frágil frente a ello. Utiliza su propia vulnerabilidad como la demostración más realista, humana y auténtica de su fuerza.

Te aviso, la estabilidad de los afectos como sentimiento también puede ser muy volátil. Cuando en tus relaciones percibes una disonancia entre lo que la otra persona dice y lo que hace —ya sea por falta de información, omisiones, deseos no compartidos o por una intolerancia a los defectos ajenos—, la estabilidad de los afectos se quiebra. La sensación de angustia y desorientación en tu sistema nervioso no tardará mucho en aparecer.

En estas relaciones que no logran crear una intimidad sana y que son inestables emocionalmente, sentirás que las intenciones de la otra persona te gustan cada vez menos. Esto ocurre porque tus creencias estructurales —y los afectos que derivan de ellas— alteran tu procesamiento de la realidad y tus vínculos.

Esta es la demostración lógica de por qué la creencia individual es el equivalente exacto a la estabilidad de los afectos en lo social. Pero igual te sirve más un ejemplo cotidiano para verlo con claridad:

Imagina que mi mujer me dice un día, con tono cansado: «*Últimamente nunca me escuchas cuando te hablo*».

Si yo tengo una creencia individual sana y segura sobre quién soy, sé que soy un buen marido. Pero también acepto que soy humano, que he tenido una semana estresante de trabajo y que puedo estar distraído. Mi estabilidad de los afectos se adapta frente a su crítica. Siento la incomodidad de su queja, por supuesto, pero mi mundo interno no se derrumba ni colapsa. Puedo mirarla, aceptar su realidad, pedirle perdón, corregir mi actitud y ponerme en su lugar sin sentir que he perdido valor como persona. He sido vulnerable y, precisamente por haberlo sido, la relación se mantiene estable.

Pero si mi creencia sobre mí mismo es rígida y depende de la validación externa, entonces esa queja de mi mujer rara vez la interpretaré como un comentario ordinario. Mi forma de percibir la traducirá como un ataque personal, un intento de cuestionar mi valía. Al sentirme amenazado, mi estabilidad de los afectos colapsa, y veré en ella intenciones maliciosas que solo confirman mis propios miedos.

Y esto es exactamente lo que ocurre en tu mente. Tú, que no has empezado este cambio psicológico aún, huyes aterrorizado de esta equivalencia. La creencia que has construido sobre ti mismo es artificial y frágil, y es por eso que la posición social o cualquier comentario externo te amenaza.

Al rechazar la vulnerabilidad por considerarla humillante, renuncias a tu estabilidad afectiva. Tus emociones sufren una alta desregulación, alternando bruscamente entre la ira y el desprecio si sientes que no te aceptan o te critican, y sientes euforia cuando logras que te idolatren. Estás atrapado en un péndulo que no descansa.

Finalmente, llegamos a la cima de la montaña psicológica. En el plano individual, el tercer sentimiento es el deseo. El deseo sano nace de la curiosidad, de la unión coherente entre lo que has experimentado y lo que crees; es el motor térmico que te impulsa a buscar, a crear, a querer hacer algo nuevo y auténtico con tu vida.

En el ecosistema social, este deseo encuentra su equivalencia en el estado más complejo y hermoso de todos: el conocimiento experto. Este sentimiento es el más difícil de alcanzar porque no depende solo de ti. El conocimiento experto es la maestría de la vida. Aquí se incluyen todas las creencias que tienes sobre ti mismo, pero integradas de forma orgánica con todo lo que entiendes del mundo y de los demás.

En este estado surge mucha curiosidad y riqueza de experiencias. El conocimiento experto equivale a lo que Baruch Spinoza llamaba «estar contento». No es una alegría eufórica, adrenalínica y pasajera, sino la certeza serena y corporal de saber que eres una persona con la posibilidad real de ser feliz en el mundo tal y como es, con sus luces y sus sombras.

En el conocimiento experto se da la paradoja del amor propio sano: equivale a saber que no necesitas a nadie para sobrevivir emocionalmente, pero, a la vez, aceptas que necesitas a todo el mundo. Es exactamente lo mismo. Sabes que estás dentro de un tejido social y aceptas todas las complejidades de ese ecosistema, incluso aquellas cosas que no conoces, que te resultan inciertas o que te asustan un poco. No usas a las personas para sostener tu ego (no las necesitas para confirmarte que existes), sino que las amas porque comprendes que tu humanidad solo se completa a través de la humanidad compartida. Eres independiente en tu valor, pero asumes que eres totalmente interdependiente en tu afecto.

Tu estructura defensiva se basa en la incapacidad crónica de formar este sentimiento: el conocimiento experto. Tu deseo se encuentra alterado desde su origen: en lugar de una curiosidad genuina por el mundo, suele limitarse a una necesidad constante y desmedida de validación externa. Y al carecer de esa curiosidad auténtica, te resulta imposible aceptarte a ti mismo tal cual eres. Vives en una queja perpetua, en un estado de guerra y fricción contra una realidad que se niega a cambiar para adaptarse a tu guión. Y al no aceptar tu propia vulnerabilidad ni tolerar la intimidad (el conocimiento familiar), corres el riesgo de envejecer con graves dificultades para llegar a desarrollar ese conocimiento experto de la vida ; corres el riesgo de mantener una inmadurez emocional significativa, exigiendo constantemente que el entorno valide la imagen de grandeza que has construido, que tú mismo te has inventado.

Entender esta progresión natural, este puente entre el "yo" y el "nosotros", es el pilar de nuestra terapia. Porque ahora que sabemos dónde deberíamos llegar para estar sanos, podemos examinar con compasión el momento en el que este puente cayó durante tu infancia. Y, sorprendentemente, la neurobiología nos enseña que el puente no siempre se destruye a base de golpes físicos o abandonos evidentes; muy a menudo, este puente se derrumba bajo el peso asfixiante de un afecto mal entendido. Adentrémonos, pues, en la trampa de la sobreprotección.

La semilla del vacío: La trampa de la sobreprotección

Cuando pronunciamos la palabra "trauma" en el ámbito de la psicología, la mente de la mayoría de las personas viaja hacia escenarios oscuros. Imaginamos gritos, negligencia, abandono, frío emocional o abusos directos. Es fácil comprender cómo una infancia marcada por la crueldad o la ausencia de amor puede fracturar la idea que un niño tiene sobre sí mismo, empujándolo a construir una creencia defensiva para sobrevivir. Sin embargo, en nuestra terapia, sabemos que el vacío estructural de tu personalidad no siempre se hizo con los golpes del rechazo. Muy a menudo, y esto es algo que descoloca tanto a ti como a tus amigos o familiares, la herida nace del "exceso".

Existe un trauma silencioso, socialmente aceptado e incluso aplaudido, que no está hecho de espinas, sino de algodón, privilegios y falta de límites. Es la trampa de la sobreprotección y el afecto descalibrado. Es la semilla dorada de tu vacío.

Para rastrear cómo germinó esta semilla en ti, te invito a observar lo que ocurre en consulta cuando empezamos a explorar tu historia. A menudo, cuando te pregunto por tus heridas tempranas, tu respuesta suele ser un discurso monolítico. Tu narrativa defensiva se activa como un y me dices, convencido de lo que sientes: «*Mi crianza fue maravillosa, mi familia lo hizo genial, a mí me lo dieron todo y yo no tengo ningún trauma. Si las cosas van mal hoy en mi vida, el problema es de mi pareja, de mi jefe, o de este mundo de mediocres que es incapaz de comprenderme*».

Y lo fascinante, a la vez que trágico, es que sé que no me estás mintiendo a propósito. Tú realmente recuerdas una infancia donde todo debía ser perfecto, donde fuiste el centro absoluto del universo. Sin embargo, como terapeutas, sabemos que una memoria desprovista de conflictos, fricciones, límites o dolores humanos no es una memoria segura.

Esa insistencia tuya en defender tu 'infancia perfecta' es la principal sospecha de que la creencia que has construido sobre ti mismo es artificial, diseñada precisamente para tapar un dolor que no lograste procesar. Fíjate que lo que recordamos es, en el fondo, lo que volvemos a formar en una nueva experiencia introspectiva y que cristaliza en una creencia memorística. Es sumamente complejo el desarrollo integral de tu personalidad sin las dificultades y las fricciones a las que todo niño debe enfrentarse. La insistencia en recordar una "infancia perfecta" es un claro indicador de que la creencia sobre uno mismo es artificial. Por naturaleza, el desarrollo humano es un proceso complejo y, necesariamente, expuesto a la frustración.

¿Cómo se produce este engaño perceptual? Ocurre cuando los cuidadores, a menudo movidos por sus propias ansiedades, carencias o rasgos de personalidad encubiertos, deciden tratar al niño no como a un ser humano en desarrollo, sino como a un proyecto al que deben dedicarle todo su esfuerzo incondicionalmente, para aliviar su propia angustia. En estos hogares, el mandato silencioso es que el niño *«nunca debe sufrir»*, *«no debe frustrarse»* y *«no debe someterse a las reglas ordinarias de los demás porque es especial»*.

Aquí es donde se produce el daño psicológico y estructural. Para que un ser humano desarrolle un ego sano —una creencia realista sobre sí mismo— necesita irremediablemente chocar con la realidad. La frustración no es un castigo cruel; es el nutriente psicológico y neuronal más importante de la infancia. Cuando un niño quiere algo y el mundo le dice un "no" firme pero afectuoso, experimenta una fricción emocional. Esa fricción le enseña de forma práctica dónde termina él y dónde empieza el resto del mundo. Le enseña que sus deseos no dictan la realidad, y que debe desarrollar herramientas internas para tolerar la espera, aburrirse, transitar la tristeza o gestionar la decepción. Al procesar esa frustración de forma acompañada a través de sus experiencias, el niño forma una creencia realista: *«Soy valioso, pero no soy todopoderoso. Necesito a los demás, y los demás tienen sus propias necesidades, que son tan reales e importantes como las mías»*.

La sobreprotección extrema y la adulación desmedida te robaron, en tu infancia, este derecho fundamental a frustrarte. Al apartar todos los obstáculos de tu camino, al justificar sistemáticamente todos tus errores (culpando al profesor que te suspendió, al otro niño que no quiso jugar o al sistema que era "injusto"), tu entorno te sobreprotegió en un espacio donde se evitaba el contacto con la realidad ordinaria. No experimentaste el mundo real; experimentaste un parque de atracciones diseñado a tu medida. Como resultado, tus experiencias individuales quedaron adulteradas desde la raíz. Y si la experiencia es falsa, la creencia que se forma a partir de ella será, sin duda, un holograma artificial, una fantasía de poder imposible de mantener en la vida adulta.

Pero la trampa de la sobreprotección tiene una consecuencia aún más destructiva: el secuestro de las propias necesidades y responsabilidades. Como veremos en el desarrollo de nuestra terapia, algo tan simple como asumir pequeñas tareas es vital para construir la identidad del ser humano. Piensa en tener la responsabilidad de comer por uno mismo, permitir que el niño se manche la ropa, dejarle limpiar su cuarto aunque quede mal, ordenar sus juguetes, poner el lavavajillas o barrer el suelo. Estas tareas, que al principio se plantean casi como un juego colaborativo, son pequeños retos motores y cognitivos que elevan la autonomía del niño tanto como el simple hecho de aprender a andar. Le demuestran empíricamente que es capaz de influir de forma útil y real en su entorno. Son importantes porque son sus primeras experiencias directas de supervivencia y colaboración en el mundo social.

Sin embargo, veamos un ejemplo cotidiano de cómo esto se anula y te atrofia emocionalmente. Imagina a una figura de apego que, movida por sus propias creencias sobre la crianza perfecta o por sus agudas ansiedades de control, no soporta la idea de que su hijo esté mal alimentado o incómodo. Se esfuerza obsesivamente en que siempre haya la mejor comida, anticipándose frenéticamente a cualquier horario y, a menudo, dándosela ella misma en la boca para que el proceso sea impecable y rápido. Lo que en la superficie parece un amor abnegado e incondicional provoca que el niño no logre entender ni descifrar sus propias señales internas (como el hambre, el frío o la saciedad). ¿Por qué? Porque estas necesidades son demasiadas veces cubiertas y anuladas antes de que él mismo tenga tiempo de registrarlas en su sistema nervioso. Al anticiparse a sus necesidades fisiológicas y emocionales, le amputan la capacidad de explorarse a sí mismo. Y si un niño no es capaz de identificar lo que siente o lo que necesita por sí mismo, ¿cómo va a desarrollar la capacidad de percibir las necesidades de otra persona en el futuro?

Si no experimentas que tus padres tienen defectos, días de agotamiento brutal o necesidades propias que no te incluyen a ti, ocurre algo que imposibilita la expresión de tu naturaleza social: no aprendes a relacionarte con seres humanos. Para que nazca el conocimiento familiar (esa capacidad de intimar y percibir la vulnerabilidad ajena sin asustarse), el niño debe ver a sus padres llorar, equivocarse, pedir perdón con humildad y poner límites sanos diciendo: *«Te quiero mucho, pero hoy estoy muy cansado, ahora no puedo atenderte porque yo también necesito descansar»*. Al ver la humanidad y la limitación de sus figuras de apego, el niño descubre el terreno real de la empatía; entiende de forma corporal que el "otro" es un sujeto con pleno derecho a existir de forma independiente.

Sin embargo, en el entorno en el que creciste, tus cuidadores a menudo se borraron a sí mismos para servir a tu bienestar. Al hacerlo, te enseñaron la peor y más solitaria de las lecciones: que el "otro" no tiene entidad propia, que los demás no importan. En tu mente infantil, las personas de tu entorno quedaron reducidas a dos únicas categorías funcionales: facilitadores logísticos o reguladores externos.

Un facilitador logístico es alguien cuya única función existencial es obedecerte, facilitarte la vida y apartar las piedras de tu camino (el rol exacto que jugaron quienes te sobreprotegieron).

Un regulador externo es alguien cuya única función es reflejar tu brillantez, tu belleza o tu inteligencia superior, devolviéndote constantemente una imagen engrandecida para sostener la ficción que tienes de ti mismo.

El problema de esta dicotomía es que si el amigo o la pareja utilizada representan un regulador externo, mantener estas relaciones supone mantener una barrera para la conexión, porque tú no puedes sentir verdadera empatía por una herramienta diseñada para aplaudirte. Y tampoco puedes sentir una curiosidad genuina por los miedos o los sentimientos de un facilitador que es afectado por ti. Si tu regulador externo se empaña y deja de aplaudirte, o si tu facilitador se rebela, marca un límite y te dice "no"; al sentirte amenazado, te cuesta comprender el punto de vista del otro; reaccionas con ira, sintiendo que se ha cometido una gran injusticia contra ti.

Pero este mecanismo depredador no se detiene en la infancia, en tus cuidadores o en las parejas sumisas que buscas. A medida que creces y el entorno competitivo te exige más, tu sensación de inseguridad aumenta, impulsándote a buscar continuamente nuevos refuerzos externos para mantener tu autoimagen de éxito. Es entonces cuando sales a buscar no solo simples reguladores comunes, sino *ídolos*.

Escaneas tu entorno laboral, social o romántico buscando a alguien que responda milimétricamente a una imagen idolatrada, a aquello que tu entorno te enseñó a valorar como "lo mejor". Puede ser un chico que es excepcionalmente carismático en su círculo, una mujer que es extraordinariamente guapa y deseada, o alguien brillante por su capacidad económica e intelectual. Eso que te llama la atención es procesado por tu mente como el máximo valor en el mercado social, y por tanto, sientes que debes tenerlo para ti. Te acercas a ese ídolo de forma magnética, pero no lo haces desde el amor genuino, el compañerismo o la admiración humilde de quien busca aprender; lo haces con el objetivo primario de adueñarte de esa forma percibida. Tu fantasía es que, al asociarte íntimamente con esa persona y conquistarla, su inteligencia, su estatus o su belleza se transferirán casi por ósmosis a tu propia identidad. El ídolo se convierte, en definitiva, en el trofeo perceptual más codiciado de todos.

Y esta es la razón biológica por la que, si la persona a la que admiras y has idealizado en algún momento muestra un defecto humano, comete un error mundano o intenta ponerte un límite sano, tú no sientes una decepción normal y gestionable; experimentas una aniquilación y un rechazo asfixiante. Sientes que esa imperfección suya mancha tu propio expediente, que su comportamiento humano te ha robado una parte de la grandeza que te pertenecía.

Es por esto que, en tu vida adulta, pareces estructuralmente incapaz de conectar verdaderamente y sostener los vínculos en el tiempo. Cuando tu pareja te pide atención emocional real, cuando un compañero de trabajo presenta un proyecto mejor que el tuyo, o cuando el mundo te exige reciprocidad y paciencia, tu brújula se rompe en pedazos. Sigues esperando que el mundo exterior se comporte exactamente como lo hacían las paredes acolchadas de tu infancia: personas que no te cuestionaban jamás, o ídolos de los que puedes extraer valor infinito para regular tu ansiedad. Cuando la realidad se impone y no se pliega a tus deseos, tu sistema de defensa se activa al máximo, sintiendo que tu identidad está en grave peligro.

Por eso resulta tan dolorosamente difícil para ti reconocer, sentado en mi consulta, que tienes un problema de salud mental. En el interior de tu percepción aislada, tú estás completamente sano, tu crianza fue inmejorable y tu comportamiento es lógico y adecuado para alguien como tú. El problema, desde tu punto de vista, es que el mundo exterior está infestado de gente incompetente, envidiosa, mediocre o demasiado sensible que se niega por puro capricho a jugar el papel que les has asignado en tu obra de teatro.

La semilla dorada de la sobreprotección ha germinado con éxito, convirtiéndote en un adulto que es prisionero de su propia grandeza imaginada. Estás condenado a vagar por un mundo lleno de objetos funcionales, buscando desesperadamente comportamientos ajenos que te confirmen que existes, pero aterrorizado en lo más hondo de tus huesos por la sospecha de que, si alguien te mira de verdad a través de tu coraza, no encontrará a un rey invencible, sino a un niño asustado que jamás aprendió a convivir con la hermosa y dolorosa realidad de ser humano.

El bloqueo del conocimiento familiar

Como hemos visto, la sobreprotección y la falta de atención a tus necesidades básicas te encierran en una burbuja de cristal. Dentro de esta burbuja, tu grandeza no se puede discutir, y el mundo exterior se divide entre quienes regulan tu ego y quienes te ayudan de forma práctica. Pero el tiempo biológico es implacable, la infancia protectora termina, y como individuo, eres empujado sin remedio al mundo real adulto. Es exactamente aquí donde debes enfrentarte al primer gran reto del desarrollo psicosocial humano: cruzar el puente hacia el otro. El primer pilar de este puente, el primer sentimiento verdaderamente expansivo y social en nuestra brújula, es el conocimiento familiar. Y es aquí donde se produce el primer fracaso social de tu estructura.

Para dimensionar la magnitud de esta tragedia relacional, vamos a definir con precisión qué es el conocimiento familiar en la edad adulta. No se trata de una recolección de datos biográficos triviales, como saber cuál es el color favorito de tu pareja, dónde estudió o qué música escucha en el coche. El conocimiento familiar es sinónimo directo de intimidad. Y la intimidad tiene un precio de entrada que la vida no permite regatear ni falsificar: requiere la valentía emocional de ver los defectos del otro con genuina compasión, y el acto de mostrar las propias sombras sin filtros ni ediciones.

La verdadera intimidad es, en su estado más puro, un intercambio mutuo de vulnerabilidades. Es desnudarse emocionalmente frente a otra persona en un espacio seguro y decirle: *«Este soy yo. Con mis miedos, mis inseguridades inconfesables, mis errores del pasado y mis limitaciones presentes»*. Cuando dos personas se encuentran en este llano y comparten estas "sombras" sin juzgarse, ocurre un cambio psicológico en nuestra experiencia: el vínculo se vuelve altamente seguro y resiliente. Al comprobar empíricamente que el otro te acepta, te abraza y te ama precisamente a pesar de tus defectos, tu creencia sana se adapta y se fortalece. Te sientes seguro. Sabes que no tienes que fingir ni rendir al 100% todos los días para pertenecer al mundo y ser digno de afecto.

Pero, ¿qué ocurre en tu procesador perceptual cuando has sido educado desde la cuna bajo la premisa rígida de que eres especial, distinto y superior al resto? Para ti, mostrar un defecto ordinario no es un acto de valentía ni una vía hacia la conexión; es un suicidio psicológico que no aceptas. Tu creencia sobre ti mismo se sostiene sobre columnas de humo: una ilusión que no admite fisuras. Si muestras una debilidad, si admites abiertamente que no sabes hacer algo, si confiesas que tienes terror al fracaso, que te sientes crónicamente solo o que te has equivocado en una decisión importante, Sientes que tu seguridad se desmorona, dejándote expuesto ante el miedo de perder tu identidad.

Por lo tanto, al haber sido sobreprotegido de la fricción humana, exiges inconscientemente que el mundo exterior siga estrictamente la trama de tu infancia. Exiges que tus parejas, amigos y compañeros de trabajo te sigan tratando como el centro sobre el que gravitan, como un ídolo de mármol que no sangra ni suda.

Pero como el entorno adulto y real no mantiene esa atención incondicional, sueles recurrir a tu mecanismo de defensa primario: la construcción de una fachada. Al ocultar tus vulnerabilidades en la intimidad, por el intenso miedo a perder la perfección, terminas desconectándote de la realidad compartida.

Construyes una fachada impecable, un avatar social de seguridad que en realidad no tienes, simulas un éxito desmedido que te agota mantener, o proyectas una imagen de salvador altruista que todo lo puede. Y aquí radica el núcleo central de tu sufrimiento diario: al mentir compulsivamente sobre quién eres en realidad, destruyes desde la raíz la posibilidad de conocer al otro genuinamente.

Para que logres comprender con precisión por qué te sientes tan físicamente exhausto al final de cada día, es muy útil visualizar la "economía de energía" de tu comportamiento. En psicología cognitiva, a esto lo llamamos carga cognitiva. Una persona sana, que no necesita ocultar sus defectos constantemente, gasta casi cero energía cerebral en, simplemente, "ser" y existir. Tú, en cambio, estás operando un simulador de vuelo de altísima complejidad técnica las 24 horas del día para que nadie vea tus costuras.

Si te relacionas con el mundo a través de una actitud rígidamente defensiva, las personas que te quieren no logran conectar contigo; están chocando contra tu personaje. Y lo que es aún más desolador: desde esa postura rígidamente defensiva, te resulta imposible percibir la humanidad real de las personas que tienes enfrente. Solo puedes ver y evaluar cómo esas personas reaccionan a tu disfraz. Tú no tienes relaciones humanas; sostienes transacciones de imagen. Al elegir vivir en la mentira para proteger tu ego artificial, bloqueas la intimidad mucho antes de que logre consolidarse.

El ejemplo práctico: La incapacidad de intimidad en las parejas modernas

Para ilustrar cómo se respira, cómo se opera y cómo se sufre este bloqueo emocional en la vida real, llevemos este concepto teórico al laboratorio de las relaciones de pareja modernas. El siglo XXI —caracterizado por la cultura de la imagen, la inmediatez de las redes sociales y el escaparate digital continuo— ha creado el ecosistema perfecto para que tu fracaso en el conocimiento familiar se camufle y se manifieste en su máximo esplendor.

Te invito a que hagamos memoria y visualices mentalmente el inicio de cualquiera de tus relaciones amorosas pasadas o presentes. Durante las primeras semanas o meses de la conquista, eres capaz de crear una atmósfera de intimidad altamente idealizada y de una intensidad poco realista. Es la fase de idealización compensatoria (comúnmente conocida en la cultura digital como bombardeo de amor).

Durante este intenso periodo inicial, utilizando tu aguda y a menudo brillante inteligencia observacional, escaneas meticulosamente a tu nueva pareja. Identificas a nivel subconsciente qué es exactamente lo que esa persona anhela desde sus propias carencias —ya sea un protector fuerte, alguien increíblemente divertido y espontáneo, o alguien que por fin la escuche con atención plena— y, de forma casi automática y camaleónica, te mimetizas para convertirte exactamente en su ideal fabricado a medida. Logras que el otro sienta una euforia irracional, creyendo firmemente que ha encontrado por fin a su alma gemela predestinada.

Sin embargo, en este espacio terapéutico, quiero que seas muy honesto contigo mismo: en el fondo de tu conciencia, tú sabes que esto no es intimidad real. ¿Sabes qué es? Es captura de datos y manipulación del entorno. No le estás mostrando tu verdadero ser, con tus miedos nocturnos, tus dudas existenciales y tus defectos mundanos; estás interpretando magistralmente el papel del amante perfecto con un único objetivo biológico e inconsciente: asegurar la lealtad de tu nuevo 'regulador externo', garantizando que esa persona quede tan admirada que se dedique a devolverte la adoración y la validación que necesitas para no desmoronarte.

El colapso de la intimidad, sin embargo, ocurre de forma brusca e inevitable en el momento en el que la vida real, con su peso innegable, irrumpe en el escenario. Supongamos que, tras unos meses de aparente relación perfecta, tu pareja se enfrenta a un problema grave en el trabajo, sufre un ataque de ansiedad repentino, o simplemente cae enferma y pierde su energía. Tu pareja, buscando refugio seguro en esa intimidad que creía haber construido contigo, muestra su vulnerabilidad: llora, expresa miedo irracional, se queja o pide apoyo logístico y emocional. Muestra, en definitiva, que no es un objeto de adoración perfecto, sino un ser humano imperfecto, necesitado y que requiere que tú tires del carro.

En una relación sana y anclada en el conocimiento familiar, este es precisamente el momento donde el amor madura y se consolida: consuelas al otro, te haces cargo de la situación sin quejas y te unes más a su humanidad. Pero en tu procesador perceptual alterado, salta una ruidosa alarma de amenaza inminente. Tu pareja ha dejado de ser una simple superficie reflectante que sostiene tu autoengaño de grandeza; de repente, se ha convertido en un ser humano real e independiente que demanda cosas de ti. Tú —que fuiste sobreprotegido y nunca aprendiste a gestionar adecuadamente las necesidades propias ni ajenas— experimentas de golpe un rechazo, una desconexión ante la debilidad y las lágrimas del otro.

Tu reacción, desde fuera, será percibida como desconcertante y escalofriantemente fría. Puedes optar por minimizar el dolor de tu pareja de forma condescendiente (*«Estás exagerando muchísimo, siempre haces un drama monumental de todo»*), puedes desviar hábilmente la atención hacia tu propio ego ofendido (*«Tú tuviste un mal día, claro, pero lo mío en la oficina fue mucho peor, estoy agotado y yo no me estoy quejando como tú»*), o simplemente decidirás desaparecer física o emocionalmente, refugiándote en la pantalla de tu teléfono móvil, en tu trabajo o buscando cualquier excusa trivial para huir del lugar y no lidiar con el malestar ajeno.

Tu pareja se queda desorientada en la habitación, experimentando desconexión y siendo incapaz de comprender cómo la misma persona que ayer le juraba amor eterno y mostraba una devoción absoluta, hoy la mira de arriba abajo con la irritación manifiesta de quien observa un estorbo en su camino.

Y la dinámica relacional se vuelve aún más violenta y defensiva si el escenario ocurre a la inversa. ¿Qué pasa en tu sistema nervioso si tu pareja, con todo el amor, la prudencia y el cuidado del mundo, se atreve a señalarte un pequeño defecto de comportamiento o intenta poner un límite sano en la relación? (*«Cariño, me dolió mucho la forma en que me hablaste con desdén ayer frente a tus amigos»*). En lugar de escuchar empáticamente, reflexionar y usar esa valiosa información para crear intimidad y disculparte (lo que mejoraría el conocimiento familiar), tú percibes ese comentario como una amenaza directa y severa contra la idea que tienes de ti mismo .

Dado que te resulta muy difícil tolerar la idea de la imperfección, tu instinto de supervivencia se activa. Para proteger tu autoimagen, es habitual que reacciones con ira, o utilizando técnicas de luz de gas para voltear la culpa y hacer dudar al otro de su cordura: *«Si no fueras tan absurdamente sensible y conflictiva, no tendría que hablarte así frente a los demás. El problema siempre eres tú, que tienes la extraña necesidad de arruinar los momentos felices de nuestra relación»*.

Este es el crudo retrato del bloqueo del conocimiento familiar. La relación, que en su inicio mostraba una conexión idealizada, se transforma rápidamente en un escenario de alta tensión y ansiedad constante. Tu pareja aprende lentamente, a base de distanciamientos y tensión, a vivir en un estado de hipervigilancia constante en su propia casa: se asegura obsesivamente de no mostrar demasiadas necesidades propias (para no aburrirte, agobiarte o parecerte débil) y de medir cada una de sus palabras antes de señalar un error tuyo (para no desatar tu ira desproporcionada o tu silencio castigador).

En el marco de las relaciones modernas, esta dinámica da lugar a una de las formas de aislamiento más dolorosas: la soledad de a dos. Compartís la misma cama cada noche, pagáis la misma hipoteca a final de mes, y subís fotografías idílicas a vuestras redes sociales mostrando una vida envidiable, pero experimentáis una profunda desconexión y distancia emocional. Tú sigues interpretando tu papel mecánico de cara a la galería, resintiendo en silencio y con hastío a tu pareja por no ser el regulador perfecto que tú exiges que sea. Y tu pareja, cada día más agotada, vacía y confundida, se va apagando poco a poco, consumida por la falsa esperanza de que, si se esfuerza tan solo un poco más, si te ama con más fuerza, tiene más paciencia y te exige aún menos, con el tiempo logrará traspasar tu barrera de frialdad y conocer al ser humano tierno que intuye que se esconde detrás de tu armadura.

Pero la trágica realidad de este primer fracaso social es que, mientras sigas aterrorizado y huyendo de tu propia imperfección, la barrera defensiva que has levantado resulta sumamente difícil de traspasar. Al recurrir de forma habitual a la distancia defensiva por encima del riesgo de la verdad, bloqueas la posibilidad de crear intimidad con otro ser humano. Y dado que la mente humana funciona como un engranaje donde las piezas son interdependientes, si este primer pilar social (el conocimiento familiar) no llega a consolidarse, la estabilidad de los afectos encontrará enormes dificultades para sostenerse en el tiempo, llevándote de forma casi inevitable hacia una alta desregulación emocional.

La imposibilidad de la estabilidad de los afectos

En la asombrosa arquitectura de la mente humana, ningún sentimiento opera de forma aislada en el vacío. Nuestra brújula psicológica es un ecosistema vivo, un engranaje natural de precisión donde cada pieza sostiene y alimenta a la siguiente. Como acabamos de diseccionar en la sección anterior, cuando la incapacidad estructural para aceptar tus experiencias te impide ser vulnerable con el otro, el pilar social fundamental se desmorona:

el conocimiento familiar queda bloqueado. Al elegir la ficción protectora de tu propio personaje por encima de la verdad desnuda de la intimidad, te incapacitas para conocer y conectar genuinamente con el otro.

Pero en la geografía de la mente, los sentimientos no son estancos; son como pesadas fichas de dominó alineadas. Si la primera ficha social cae, el impacto sobre la segunda es científicamente inevitable. Al fracasar la capacidad de intimar y de establecer un conocimiento familiar auténtico con quienes te rodean, resulta imposible que puedas alcanzar el quinto sentimiento evolutivo de nuestra brújula: la estabilidad de los afectos.

Para comprender a fondo la anatomía de esta tragedia personal, recordemos la simetría de nuestra mente. La estabilidad de los afectos es la equivalencia social, madura y expansiva de nuestra creencia individual. Una persona que ha logrado desarrollar un amor propio sano posee una creencia empírica y realista sobre sí misma: sabe que es valiosa y digna de amor, pero también reconoce con paz que es falible, que comete errores a diario y que no tiene el control sobre el universo ni sobre la opinión ajena. Esta creencia sana y realista en su interior actúa como un ancla.

Cuando una persona psicológicamente sana navega por las relaciones humanas y se encuentra inevitablemente con las tormentas propias de la vida —un desacuerdo tenso y subido de tono con su pareja, una crítica dura sobre su desempeño en el trabajo, un malentendido doloroso con un amigo de la infancia o el simple y enigmático silencio de alguien a quien valora—, la superficie de su mar se agita. Es humano. La persona sufre, siente una punzada de tristeza, se frustra amargamente o se enfada. Experimenta una alta activación ante los acontecimientos, pero su identidad no se desestabiliza. Su ancla interna la mantiene en su sitio. Sabe que el conflicto externo con el otro no define ni disminuye su valor intrínseco como ser humano. Esa certeza le permite respirar en medio del caos, calmar la taquicardia, evaluar la situación con paciencia y recuperar su centro de gravedad. Eso es disfrutar de la estabilidad de los afectos.

Tú, sin embargo, a menudo sientes que te enfrentas a la vida sin esa seguridad interna. Al carecer de una creencia firme sobre ti mismo que te sostenga, cuando sales a interactuar con el mundo exterior, te sientes desprotegido ante cualquier contratiempo cotidiano. Cualquier crítica constructiva, cualquier mirada de desaprobación o cualquier silencio prolongado en un mensaje te desestabiliza hasta los cimientos.

Al no haberte permitido jamás desarrollar un conocimiento familiar genuino que te una emocionalmente al otro a través de la vulnerabilidad compartida, te encuentras completamente aislado en alta mar frente al temporal. Y sin esa ancla interna forjada en la realidad, sin el amarre seguro de un vínculo real, honesto y bidireccional con los demás, sé que tu vida emocional se convierte a menudo en un estado de desregulación fisiológica crónica. Tus emociones no fluyen como olas naturales que suben suavemente y bajan a su ritmo; tus emociones oscilan de un extremo a otro con una violencia mecánica que agota tu sistema nervioso central, y que desgasta sin piedad tanto a ti mismo como a quienes intentan rodearte.

Analicemos de cerca la física de este péndulo emocional en el que vives atrapado. Si el mundo exterior te aplaude fervorosamente, si tu nueva pareja se muestra completamente sumisa, deslumbrada y devota, si en tu entorno de trabajo todos te dan la razón sin rechistar o si consigues un nuevo triunfo que exhibir en tus redes sociales, tu péndulo interno se dispara verticalmente hacia arriba. Sientes euforia, una sensación de invencibilidad y omnipotencia. En esos momentos de pico, te muestras encantador, carismático, magnético y desbordante de energía ante los demás.

Pero es de vital importancia que entiendas que esta intensa euforia no es alegría real; no es una felicidad estructural, orgánica y genuina nacida de la conexión humana. Es, simple y llanamente, el "subidón" químico y psicológico de un adicto que acaba de recibir su dosis de validación externa. Es una euforia insostenible en el tiempo, que tu mente necesita consumir rápidamente como un estímulo urgente para evitar la sensación de vacío.

¿Pero qué ocurre biológicamente en tu cuerpo cuando a ti te falta o te retiran esa dosis de la que dependes? ¿Qué sucede en tu cerebro cuando la realidad humana del otro, a veces terca e imperfecta, interviene en tu guion idealizado? Basta con que tu pareja te ponga un límite asertivo razonable, que un amigo cercano no responda inmediatamente a tu mensaje urgente, que un colega emita una crítica objetiva sobre la calidad de tu trabajo o, simplemente, que el mundo siga girando y se olvide de mirarte y aplaudirte durante un par de días. Y ahí, al carecer del ancla de la estabilidad de los afectos, tú no procesas esa situación como un contratiempo ordinario y normal de la vida adulta.

Ante el silencio o la crítica, tu estado de ánimo decae de forma brusca. Pasas de la euforia a la angustia rápidamente, experimentando una desregulación muy dolorosa. Si sientes que te ignoran, te contradicen o te dejan en un segundo plano, no experimentas una simple y pasajera decepción; sientes en tu cuerpo que la idea que tienes de ti mismo está siendo gravemente invalidada. Y defendiéndote de esa sensación de pérdida de identidad y fragmentación del yo, reaccionas activando un comportamiento defensivo primario que podemos llamar la "ira narcisista". Puede manifestarse como una furia gélida, cortante y pasivo-agresiva, o como una erupción volcánica cargada de desprecio abierto y gritos.

En ambos casos, está diseñada para destruir psicológicamente a quien ha puesto en evidencia tu autoengaño. O bien, si tu estructura de personalidad tiende más hacia el espectro de lo vulnerable, tu péndulo no estalla hacia afuera, sino que se hunde en un victimismo limitante. Lo que haces conlleva aislamiento, resentimiento y tristeza, donde el mundo entero, injusto y cruel, se vuelve el único culpable de tu sufrimiento.

Aquí tocamos el núcleo neurobiológico y psicológico del problema de tu estabilidad: eres un huérfano biológico de la co-regulación.

En la rama de la psicología del desarrollo y la neurobiología interpersonal, tenemos plena certeza de que nadie nace sabiendo calmarse a sí mismo. Los seres humanos somos mamíferos sociales, esto significa que aprendemos a regular las subidas y bajadas de nuestro propio sistema nervioso autónomo a través del contacto físico y emocional con otro sistema nervioso ya regulado. Cuando somos bebés vulnerables y sentimos terror físico o dolor, lloramos desesperadamente. Es el abrazo firme de una madre o un padre que está internamente tranquilo, su tono de voz pausado, su ritmo cardíaco estable y su mirada cálida, lo que nos "co-regula" biológicamente. Aprendemos a calmar nuestra angustia y a volver a nuestro estado basal de reposo a través de la presencia del otro. Con el paso de los años y miles de repeticiones de este proceso, interiorizamos esa presencia calmante, desarrollamos nuestras propias vías neuronales de esos aprendizajes imitativos, y establecemos unas formas aprendidas de estabilidad afectiva que nos hacen movernos neurológicamente a una velocidad, una en la que podemos estar más o menos cómodos.

En la edad adulta sana, cuando tenemos un día desastroso que nos supera, el hecho de abrazar en silencio a nuestra pareja o desahogarnos tomando un café con un amigo de confianza nos ayuda a co-regularnos mutuamente y recuperar ese ritmo estable en el sistema.

Pero el niño que acabaría desarrollando a la larga una estructura defensiva narcisista, y muy especialmente aquel que fue sobreprotegido e idolatrado como un pequeño rey, nunca experimentó en sus carnes una sana co-regulación emocional. Rara vez fue tratado como un pequeño ser humano vulnerable que necesitaba ser sostenido, acompañado y contenido en su dolor, en su frustración o en su espera. Cuando este niño sentía la más mínima incomodidad o lloraba, sus padres o cuidadores, a menudo angustiados por su propia intolerancia al conflicto, se apresuraban a eliminar cualquier obstáculo de su camino para evitarle la frustración. O, peor aún, aplacaban su rabieta y su llanto dándole la razón, comprándole el juguete que exigía y culpando al entorno externo (al profesor, al otro niño, al borde de la mesa con el que se golpeó). Le enseñaron que su malestar era una urgencia, una señal de alarma, y que la única forma de aliviar esa tensión en su pecho era alterando y sometiendo el mundo exterior para que este se ajustara a sus deseos.

En consecuencia directa de este fallo en el desarrollo temprano, como adulto con esta estructura, estás huérfano de la co-regulación madura. Cuando el pesado péndulo de la angustia te golpea en la vida real, tu cerebro no tiene las rutas neuronales para saber cómo acercarse a tu pareja desde la vulnerabilidad y decirle: «*Hoy tengo mucho miedo, me siento muy inseguro por lo que ha pasado en la oficina, por favor, solo abrázame un rato*». Hacer eso, exponerte de esa manera, requeriría tener acceso al conocimiento familiar; requeriría admitir que eres falible, imperfecto, y que necesitas al otro ser humano no como un objeto utilitario, sino como un compañero igual para sosteneros en la tormenta.

Por lo tanto, atrapado dentro de esta asfixiante cámara de aislamiento perceptual que tú mismo has reforzado, estás solo ante tus propias emociones desbordadas. No puedes calmarte junto al fuego del otro. Tu principal estrategia de supervivencia aprendida para intentar estabilizar tu estado de ánimo, consiste en buscar de forma compulsiva la validación y el control externo.

Esta alta dependencia emocional hace que muchas de tus relaciones se vuelvan transaccionales, donde buscas obtener validación y seguridad . No interactúas con los demás para amar, para conocer o para construir, interactúas casi exclusivamente para estabilizarte a ti mismo. Si, en un momento dado, te sientes profundamente vacío, provocarás inconscientemente una discusión de la nada solo para sentir que tienes el poder de alterar las emociones de tu pareja y confirmar que aún existes. Si te sientes inseguro y tu péndulo baja, exigirás halagos constantes o presumirás ruidosamente de tus logros frente a extraños en una fiesta para volver a subir la aguja de tu autoestima.

La estabilidad afectiva permite que las relaciones echen raíces frente a las adversidades. Sin embargo, al operar bajo una estructura defensiva rígida, tu mente se aísla, dificultando enormemente que esos vínculos crezcan. Al evitar construir una relación basada en la vulnerabilidad y la honestidad, generas una alta dependencia, condicionando tu bienestar a las impredecibles reacciones ajenas. Al refugiarte en la ilusión de que eres autosuficiente e invulnerable, pasas por alto la paradoja de tu situación:

aquel que depende de la validación externa, la atención y el aplauso del mundo exterior para mantener su equilibrio emocional, vive condicionado por los demás.

La ausencia del conocimiento experto y la tragedia de esta estructura

Si imaginamos el desarrollo psicológico humano como la laboriosa construcción de una majestuosa catedral a lo largo de los años, los sentimientos puramente individuales (la experiencia, la creencia y el deseo) son los pesados y ocultos cimientos bajo la tierra. El conocimiento familiar y la estabilidad de los afectos son los grandes, gruesos y hermosos muros con arcos que se elevan hacia el cielo, sosteniendo la estructura frente a las inevitables tormentas que traerá el paso del tiempo. Y en lo más alto, cerrando la cúpula, sellando la bóveda y permitiendo que la luz interrumpa la oscuridad de lo conocido en el interior, se encuentra el sexto y último sentimiento de nuestra brújula evolutiva, el conocimiento experto.

Para lograr comprender la magnitud de la tragedia en la que vives atrapado bajo el peso de tus defensas, debemos detenernos a entender la belleza de lo que te estás perdiendo. El conocimiento experto no tiene nada que ver con acumular prestigiosos títulos universitarios en la pared de un despacho, dominar una profesión técnica compleja, o ser el individuo más brillante, elocuente e inteligente de la sala de reuniones. Es una maestría mucho más escasa, silenciosa y justa, es la maestría de la vida emocional y social.

En nuestra brújula, el conocimiento experto es la máxima evolución social, madura e integradora del deseo. En el plano estrictamente individual, el deseo es curiosidad por lo que hay más allá de nosotros. Cuando esa curiosidad infantil cruza sana y salva el puente hacia los demás, se transforma en la capacidad asombrosa de percibir la complejidad de la vida y de las relaciones humanas sin sentir la necesidad de juzgarlas o controlarlas.

Una persona que alcanza esta forma de sentir, ha aprendido a integrar las luces deslumbrantes y las sombras más oscuras, tanto las propias como las ajenas, en un mapa complejo y coherente. Sabe que un ser querido puede ser una persona maravillosa, generosa y leal, y, al mismo tiempo, cometer errores dolorosos, torpes o egoístas.

Que es posible ser un individuo ordinario y falible y, al mismo tiempo, ser una persona valiosa y merecedora de afecto. Al alcanzar este estado, el individuo deja de escindir su entorno entre figuras idealizadas y persecutorias. Logra tolerar la incertidumbre y las contradicciones naturales de las relaciones humanas porque su sentido de identidad —su valía vital— ya no depende del resultado de cada interacción.

Estar verdaderamente contento no es la euforia pasajera de ganar un premio, ni la adrenalina de una nueva conquista. Es una alegría serena, de combustión lenta, una seguridad que nace del reconocimiento y la aceptación compasiva del propio ser, y de la certeza corporal de pertenecer de forma legítima al tejido del mundo.

Es la capacidad de sentarse en una mesa rodeado de personas, escuchar a alguien que sabe muchísimo más que tú sobre un tema fascinante, y no sentir envidia o amenaza, sino sentir inspiración y gratitud por estar ahí para aprender. Es ver a tu pareja destacar en su carrera o en una reunión social y sentir que su presencia te calienta amablemente la piel, en lugar de sentir, con amarga paranoia, que su éxito te está haciendo sombra y robándote el protagonismo.

El conocimiento experto es la liberación, es la libertad de saber que no necesitas la validación, la atención ni el aplauso de nadie para saber que existes, y que, paradójicamente y gracias a ello, puedes entregarte a los demás con generosidad, aceptando el riesgo inherente de la vulnerabilidad.

¿Por qué te resulta imposible llegar a la cima?

Aquí es donde el efecto dominó de la arquitectura de tu mente llega a su probable colapso estructural. Si las habilidades relacionales básicas no se han desarrollado en las primeras etapas, es muy difícil que la capacidad para intimar suficientemente se sostenga por sí sola en la vida adulta. Dado que te resulta muy difícil sostener el conocimiento familiar (al protegerte tras la fachada de tu personaje o tu victimismo) y tu estabilidad afectiva es frágil (ya que tu estado de ánimo depende en gran medida de la validación o el rechazo externo), desarrollar el conocimiento experto se vuelve, bajo estas condiciones, inalcanzable.

Como tu capacidad para conectar genuinamente con los demás quedó bloqueada en tu infancia por los efectos de la sobreprotección (o por el frío del trauma emocional), tu deseo individual primario nunca tuvo la oportunidad de madurar hasta convertirse en una curiosidad expansiva y empática por el mundo y por las personas que lo habitan. Tu deseo se quedó encogido, atrofiado en su forma más inmadura, transformándose paulatinamente en una necesidad desmedida y constante de validación externa para calmar tu dolor.

Por lo tanto, tu mente —atrapada en esta pesada estructura defensiva— se ve obligada por instinto de supervivencia a procesar la compleja realidad a través de un código binario errado. Como aún no has podido mirarte al espejo y aceptarte a ti mismo con carencias, tu forma de percibir restringe la complejidad del mundo exterior a dos únicas y rígidas categorías. O es una amenaza existencial gigantesca que te va a destruir si relajas tu vigilancia. O es una fiera competencia de estatus que debes ganar para sentir que tienes valor.

Para ti, la experiencia de la vida humana se ha convertido en un tenso y estresante juego de suma cero. Sientes, en el fondo de tu sistema de creencias, que la cantidad de valor, de éxito y de afecto en el mundo es finita y escasa. Por eso, si alguien en tu entorno cercano destaca, si un amigo brilla por méritos propios o tu pareja alcanza un éxito profesional, tú no logras alegrarte de forma genuina; lo que experimentas en tu cuerpo es una aguda reacción de ansiedad, porque tu sistema de alerta interpreta inmediatamente que esa atención y ese éxito te lo están restando a ti. Te resulta imposible admirar genuinamente las virtudes de nadie sin que esa precaria admiración se contamine rápidamente de una envidia competitiva tóxica o de un deseo depredador de apropiarte de ese éxito (tal y como vimos en la dinámica de absorción de los "ídolos").

Imagina por un instante el nivel de agotamiento psicológico que esto supone para un cuerpo humano a lo largo de las décadas. Vives inmerso en un estado de alerta simpática casi constante. Entras a una simple reunión de trabajo, a una cena familiar de domingo o a una cita romántica, y tu sistema de alerta no busca en ningún momento la conexión emocional o el descanso; busca obsesivamente establecer jerarquías de poder. Escaneas silenciosamente la habitación con la mirada, calculando y preguntándote en silencio: «*¿Quién es la persona más importante aquí? ¿Quién amenaza sutilmente mi estatus? ¿Cómo puedo intervenir ahora mismo para asegurarme de que todos los presentes sepan quién soy y cuánto valgo?*». Incluso en tus momentos de aparente generosidad abnegada o regalos desinteresados, tu mente está operando como una caja registradora, calculando meticulosamente el retorno exacto de la inversión en forma de gratitud, deudas morales y adoración eterna hacia tu persona.

Cuando el mundo impredecible no te rinde pleitesía o se despista, la amenaza interna se vuelve insoportable. Al tener dificultades para integrar las imperfecciones ajenas, cualquier límite sano de tu pareja puede ser interpretado por tu sistema de alerta como un rechazo personal. Tu reacción defensiva —ya sea mediante la agresividad, la devaluación del otro o la postura de víctima— es el mecanismo de protección de alguien que se siente inseguro frente a la falta de control.

Es precisamente aquí donde, tanto como terapeutas como seres humanos que compartimos este viaje, debemos detenernos en silencio a observar la verdadera y dolorosa dimensión de esta herida.

Detrás de tu aparente arrogancia, de los castigos de frialdad y del dolor que tus defensas han causado a quienes te amaban, existe una herida que vives en soledad. Tu verdadera tragedia vital es la incapacidad estructural de experimentar la paz de, simple y llanamente, "ser" junto a los demás, sin tener que esforzarte por demostrar nada.

A lo largo de toda tu vida adulta, te has visto obligado por tu propio terror a dejar de existir de forma genuina para convertirte en un ejecutor mecánico o en un simulador a tiempo completo. Cada interacción de tu vida cotidiana exige un estado de vigilancia y adaptación continua; un sobreesfuerzo cognitivo diseñado para mantener intacta la ficción de la identidad que has construido. Sientes que no puedes permitirte relajar tus defensas en ningún momento, ni siquiera en la ansiada intimidad de tu propio hogar o en la cama con tu pareja, porque estás íntimamente convencido de que si alguien lograra ver al ser ordinario, asustado y frágil que realmente eres bajo esa actitud, serías repudiado, rechazado o abandonado al instante por no dar la talla.

Y esta soledad estructural, esta dificultad relacional, se agrava exponencialmente a medida que envejeces. Durante los años vibrantes de la juventud, la belleza física innegable, el éxito profesional incipiente, el carisma arrollador o la inteligencia aguda pueden funcionar como imanes muy efectivos y potentes para atraer a tu órbita nuevos facilitadores logísticos y a deslumbrados reguladores externos dispuestos a aplaudirte. Pero el tiempo biológico es el enemigo natural de la máscara. Cuando la belleza juvenil se desvanece y la gravedad hace su trabajo, cuando el estatus profesional se estabiliza en la normalidad o decae frente a nuevas generaciones, o cuando las personas de tu entorno que alguna vez intentaron crear intimidad contigo, quedan agotadas y heridas, y comienzan a alejarse por instinto de supervivencia, a ponerte límites a la relación, tu suministro diario de validación externa se agota.

Una persona psicológicamente sana que experimenta el regalo del conocimiento experto envejece rodeada de la calidez, la lealtad y la ternura de los vínculos reales y recíprocos que ha ido tejiendo a lo largo de las décadas. Puede sentarse en absoluto silencio en el porche de su casa con su pareja de toda la vida o con sus viejos amigos, sin sentir la más mínima necesidad de demostrar nada, de hablar de sus logros o de impresionar a nadie, disfrutando pasivamente de la compañía mutua, habitando con inmensa gratitud esa aceptación serena de estar vivos juntos en el ocaso.

Si decides no trabajar en esta estructura defensiva, corres el riesgo de llegar a tus últimos años habitando experiencias de soledad, de exilio emocional. Podrías pasar el resto de tu vida exigiendo mediante manipulaciones ser el centro absoluto de atención y el único regulador del entorno, sin llegar a darte cuenta de una realidad: que exigir ser el centro de atención conduce al aislamiento emocional dentro de tu forma de percibir.

Esta es la radiografía completa y exhaustiva del puente roto en tu interior. Hemos llegado al final del diagnóstico estructural y hemos visto paso a paso cómo el colapso temprano de los sentimientos sociales te sume en la oscuridad del aislamiento. Sin embargo, quiero que leas lo que creo, que el reconocimiento de esta tragedia no es el punto y final de tu camino, sino el de partida.

Saber a ciencia cierta que has sido un prisionero de tu propia percepción alterada y de tu incapacidad crónica para aceptarte a ti mismo con compasión, abre de par en par la pesada puerta a la esperanza. Si el verdadero problema reside en la maquinaria de tu forma de ver el mundo y en la física alterada de unas emociones desreguladas, entonces la cura, la reconstrucción de tu mente, es mecánicamente, biológicamente y humanamente posible. Pero para iniciar con éxito esta reconstrucción quirúrgica de tu percepción, debemos abandonar temporalmente el relato del dolor de la herida y adentrarnos en la ciencia rigurosa que nos enseñará, de forma práctica, cómo cuidarnos y cómo sanar.

La esperanza y el valiente regreso a la humanidad

Llegados a este punto del diagnóstico, es completamente natural y esperado que sientas un fuerte nudo de angustia en el pecho.

Para ti, que eres la pareja empática o el familiar: Comprender esta incapacidad casi biológica de la persona que amas puede afligirte profundamente. Sé que te llena de desesperanza ver todas las veces que intentaste curarle en vano con tu amor. Sostén esa tristeza; te liberará de la culpa.

Para ti, que reconoces estos patrones en ti mismo: Si la vida te ha golpeado y tu máscara se ha roto, leer esta minuciosa radiografía del puente destruido puede parecerte, a primera vista, una condena inamovible a cadena perpetua. Sostén esa angustia un momento; no es el final.

Sin embargo, te pido encarecidamente que respires hondo y te aferres a la ciencia, porque en nuestra *terapia espinosa* la claridad sin filtros del diagnóstico no tiene como objetivo hundir a la persona en la culpa o la vergüenza. Todo lo contrario. La claridad es el mayor acto de compasión terapéutica que existe. Saber exactamente, y sin falsos consuelos motivacionales, qué está roto y por qué razones precisas se derrumbó durante tu infancia no es una sentencia; es el sitio que necesitábamos para comenzar la reconstrucción segura de tu personalidad.

Tu cerebro humano posee una característica anatómica maravillosa llamada neuroplasticidad, y tu percepción, aunque ahora mismo la sientas oxidada, bloqueada por el miedo o severamente atrofiada, posee en su núcleo un impulso biológico, natural e imparable hacia la salud y el equilibrio. Tus sentimientos sociales, que quedaron paralizados en el tiempo, pueden ser reeducados de forma consciente. Si la dinámica que bloqueó tu capacidad de crear intimidad en la infancia fue la sobreprotección, la evitación sistemática del dolor y el secuestro temprano de tus necesidades de autonomía, tu cura consistirá exactamente en practicar, de forma paulatina y segura, todo lo opuesto.

La terapia se convierte así en tu campo de entrenamiento seguro, un laboratorio protegido para experimentar a dosis tolerables aquello de lo que has huido aterrorizado durante tu vida adulta: la exposición a la vulnerabilidad y la tolerancia a la sana frustración.

En el espacio de la consulta, yo te garantizo que no me comportaré como un "facilitador logístico" sumiso al que puedas dominar, silenciar o utilizar para que te resuelva la vida; ni tampoco seré bajo ningún concepto una "superficie de regulación" dócil dispuesta a devolverte esa imagen de perfección inmaculada y superioridad que exige tu máscara defensiva. Seré para ti una frontera humana, sólida, inquebrantable, pero profundamente empática y compasiva. Allí, juntos y sin prisas en ese espacio seguro, comenzaremos la noble tarea de reconstruir tus pilares atrofiados, paso a paso:

Paso 1: Rescatar el conocimiento familiar a través de transitar la vergüenza

Nuestra primera y más difícil tarea en la consulta es enseñarte neurológicamente a soportar el terror visceral que te produce mostrar tu vulnerabilidad real. En terapia, te guiaré con sumo cuidado, paso a paso, para que te atrevas a bajar por un instante el escudo reluciente de la grandiosidad o la pesada coraza del victimismo, y te atrevas a mirar a los ojos y confesar en voz alta un error humano, un miedo paralizante o una inseguridad real que te atormenta. Al hacerlo por primera vez, sé que sentirás vergüenza, convencido de que, al revelar tu vulnerabilidad, serás severamente juzgado o rechazado por mí. Pero yo te miraré con aceptación. Y tu sistema nervioso se dará cuenta de que sobrevives ileso a la exposición de tu propia imperfección. Después de esa primera victoria, al descubrir en tu propia piel que puedes ser visto, comprendido y aceptado íntegramente con todas tus sombras sin que el mundo se acabe, habrás puesto la semilla del verdadero conocimiento familiar. Aprenderás empíricamente, que la intimidad no consiste en la extenuante tarea de ser perfecto, sino en atreverte a ser real.

Paso 2: Construir la estabilidad de los afectos mediante la co-regulación segura

A medida que avances en el proceso y choques con los límites sanos y frustrantes que impone la propia terapia (un "no" terapéutico, una confrontación compasiva de tus defensas o mi intención curiosa y sostenida por conocer el dolor real que sientes bajo el enfado), el pesado péndulo de tus emociones, acostumbrado a los extremos, oscilará violentamente hacia la ira desproporcionada o hacia el vacío asfixiante. Pero esta vez, el escenario será distinto. Esta vez no estarás solo y aterrado en tu aislamiento, ni te permitiré huir desechando el vínculo conmigo. Yo te enseñaré pacientemente a quedarte ahí, sosteniendo la incomodidad sin romperte. Te prestaré en cada sesión mi propio sistema nervioso, calmado y estable, para co-regular tu ansiedad desbordada. Te enseñaré la mecánica de cómo respirar a través del fuego de la frustración sin sentir el impulso ciego de tener que destruir al mensajero, ni de huir de la habitación. Poco a poco, con cientos de repeticiones de este proceso de consuelo y calma, construirás dentro de tu propio cerebro tu propia ancla, descubriendo por fin, con un alivio monumental, que ya no necesitas salir a buscar a la desesperada la "droga" de la adulación externa para calmar el terror de tu angustia.

Paso 3: El amanecer del conocimiento experto

Cuando la perspectiva de la intimidad deje de ser percibida por tu amígdala como una amenaza, y tus emociones internas, ahora ancladas, dejen de oscilar como un péndulo salvaje a merced de la opinión ajena, estarás listo para asomarte a la cima de tu desarrollo humano. Comenzarás a mirar el vasto mundo exterior ya no como un campo de batalla o de extracción, sino con una genuina y tierna curiosidad infantil. Descubrirás, con un alivio biológico indescriptible que te aligerará el peso de los hombros, que ser una persona "ordinaria" y común no es una humillación insoportable ni una sentencia de muerte para el ego, sino tu más dulce liberación. Dejarás de competir con ídolos inalcanzables que te agotan la energía, y dejarás de fantasear en silencio con aplastar o humillar a los demás para sentirte seguro, para empezar a caminar, por mucho tiempo, hombro con hombro junto a tus iguales.

Reconstruir desde los cimientos este puente emocional es una de las empresas psicológicas más difíciles, valientes y dolorosas a las que puede enfrentarse un ser humano a lo largo de su vida. Requiere una gran inversión de tiempo, procesar el dolor de heridas tempranas que fueron reprimidas, permitirse múltiples caídas en la consulta y, sobre todo, invocar una valentía descomunal. Esto es necesario para poder renunciar a las confortables y anestésicas fantasías de omnipotencia y aceptar, con humildad, la maravillosa y compleja tarea de ser un ser humano más.

Pero para emprender y sostener con éxito esta reconstrucción arquitectónica de la psique, no nos bastan en absoluto las buenas y cálidas intenciones, ni la mera y a menudo frágil fuerza de voluntad motivacional.

Para que confíes en este largo proceso a pesar del miedo, necesitamos un mapa fiable. Necesitamos anclar nuestros pasos en una base clínica e histórica sólida que nos explique cómo funciona la intrincada maquinaria de nuestra percepción alterada y de nuestras pasiones desbocadas.

Y para ello, ha llegado el momento de encender el gran faro de la razón en medio de esta tormenta emocional. Es hora de dejar atrás la fase del diagnóstico de tu vacío, dar un paso atrás en el tiempo de la historia del pensamiento humano, y rescatar de la oscuridad los cimientos perdidos de nuestra propia mente.

Para que este proceso de cambio sea seguro, predecible y eficaz, necesitas saber qué hay exactamente en la base de la ciencia psicológica que estamos aplicando. En el próximo capítulo de este viaje, conoceremos de cerca la asombrosa y milenaria psicología de Averroes. Él fue el brillante pensador que rescató del olvido, clarificó con maestría y mejoró el conocimiento del alma humana que nos legó Aristóteles. La uniremos de forma magistral a la precisión geométrica, lógica y casi matemática con la que el filósofo Baruch Spinoza describió las leyes inmutables de nuestras emociones en su célebre *Ética*. Estas ideas que vamos a explorar fueron tan radicalmente revolucionarias, tan humanas y tan sólidamente demostradas por la evidencia de los siglos, que prepararon intelectualmente al mundo para el nacimiento de las primeras democracias modernas y los derechos del individuo.

Estamos hablando, ni más ni menos, de la base teórica más antigua, precisa y universalmente demostrada que permitió, mucho tiempo después, el surgimiento de toda la psicología científica actual que utilizamos para curar el trauma. Sin embargo, con el inevitable paso de los siglos y las modas académicas, la psicología clínica moderna se ha vuelto a menudo contradictoria y confusa, fragmentándose peligrosamente en cientos de terapias que, a menudo, olvidan y traicionan sus propios orígenes, dejando a la persona que sufre a la deriva en un mar de técnicas superficiales.

En el siguiente capítulo de este libro, vamos a rescatar para ti la base fundacional de la ciencia psicológica, y la vamos a desgranar para hacerla fácil, accesible y práctica de entender para tu día a día. Tomaremos esta teoría pura —que en su origen académico puede resultar extraordinariamente compleja y abstracta— y le daremos un orden claro y coherente a través del mapa de nuestras seis formas de sentir que ya hemos empezado a esbozar.

¿Por qué es de vital importancia que conozcas todo esto antes de pasar a la acción terapéutica en las sesiones? Porque entender la mecánica oculta de tu propia "alma" (o de tu mente) te dará seguridad sobre lo que estás haciendo y sintiendo en cada momento del proceso. Cuando logras comprender con precisión por qué sientes exactamente lo que sientes, de dónde viene esa reacción y cómo se forma y se distorsiona tu percepción de la realidad, te conviertes, por derecho propio, en el dueño indiscutible de tu propia realidad. Aprenderás a guiarte por tus propios sentimientos con tanta claridad, lucidez y firmeza que será virtualmente imposible que alguien pueda volver a engañarte o manipularte mediante la duda. No podrá hacerlo ni una pareja tóxica, ni un entorno laboral abusivo, ni siquiera las voces más críticas de tu propio ego.

PARTE II: LOS CIMIENTOS DEl CAMBIO PSICÓLOGO

(Filosofía y Ciencia de la Mente)

Tu cambio no es psicología pop; se asienta en la epistemología más sólida de la historia.

Hasta este punto de nuestro viaje, hemos caminado por terrenos dolorosos y oscuros. En la primera parte de este libro, nos atrevimos a mirar de frente la anatomía del vacío. Hemos diseccionado la pesada máscara del narcisismo, comprendido el trágico derrumbe de los sentimientos sociales y observado cómo la sobreprotección, el secuestro de las necesidades infantiles y el trauma dinamitan el puente biológico que nos conecta con los demás. Conocer este diagnóstico social es importante para dejar de culparnos, pero experimentar solo el dolor de la herida puede resultar desesperanzador.

Vivimos en una época que nos bombardea con frases hechas: *"quiérete más"*, *"pon límites"*, *"aléjate de las personas tóxicas"*. Sin embargo, cuando tu filtro interno interpreta el amor vulnerable como una amenaza y tus emociones son un péndulo salvaje que oscila entre la arrogancia y el vacío, esas frases no sirven de nada. Son intervenciones superficiales que no logran alterar la estructura subyacente del problema .

Para sanar una estructura tan rígida y compleja, no necesitamos frases inspiradoras. Necesitamos un marco empírico adaptable a la realidad. Necesitamos ciencia.

Ese es exactamente el propósito de esta segunda parte. A partir de la siguiente página, vamos a abandonar temporalmente la frustración del diagnóstico para analizar los mecanismos neurobiológicos y perceptivos que rigen el comportamiento humano. Vamos a construir los cimientos de tu cambio posible, y lo haremos utilizando la epistemología —la ciencia que estudia cómo construimos nuestra realidad— demostrada en la historia del pensamiento humano.

En los próximos capítulos, exploraremos las bases del comportamiento humano guiados por dos de los pensadores más lúcidos de la historia.

Primero, viajaremos al siglo XII con Averroes, el pionero que nos demostró que "la percepción es el sujeto" y nos explicó cómo el *sentido común* ensambla nuestra identidad. Después, nos adentraremos en el siglo XVII junto a Baruch Spinoza, quien nos revelará la física matemática de nuestras emociones y nos demostrará por qué la sobreestimación y la soberbia son, en realidad, las peores y más destructivas de las tristezas.

Comprender estas bases te proporcionará una gran seguridad intelectual y emocional para afrontar los conflictos. Al entender la base científica e histórica que sostiene *Terapia Espinosa*, descubrirás que el cambio psicológico y la curación no son actos de fe ciega, ni intervenciones mágicas. Son pura mecánica humana.

Estás a punto de descubrir que nadie, ni siquiera tu propia mente lastimada, podrá volver a engañarte. El marco teórico está establecido. El proceso de reestructuración de tu percepción comienza ahora.

Capítulo 5: La mecánica del comportamiento y la ciencia psicológica

"Cada uno de los sentidos percibe sus sensibles, y percibe, además de esto, que percibe, es decir, puesto que ella (la consciencia) siente la sensación, la misma sensación es el sujeto de la percepción".

— Averroes. La Psicología de Averroes: Comentario al libro Sobre el alma de Aristóteles (Trad. Salvador Gómez Nogales, pág. 165).

Hola de nuevo. Si has llegado hasta aquí con la intención de comprender estos comportamientos, es normal que sientas agotamiento y confusión.

Para ti, que intentas sobrevivir a los patrones de otro: Sé que convivir con esta maquinaria te ha desgastado hasta hacerte dudar de tu propia cordura.

Para ti, que intentas comprender tus propios patrones: Sé que la fricción diaria de intentar proteger tu ego te tiene exhausto.

Y a ambos quiero deciros algo antes de dar otro paso en este capítulo: tiene mucho sentido experimentar esto. Vuestra confusión está completamente justificada.

Hasta este momento, hemos explorado el error y el dolor de la mente humana. Hemos retirado la apariencia, hemos observado el vacío y hemos analizado las heridas que rompieron tu brújula emocional. Pero el diagnóstico, por preciso que sea, no es el destino de ningún cambio psicológico. Quedarnos en el dolor de lo que se rompió solo nos llevaría a la resignación de conformarnos con la etiqueta.

A partir de este capítulo, la dinámica de nuestra biblioterapia cambia. Dejamos de mirar hacia atrás con dolor para empezar a mirar el presente.

Vivimos en una época donde la psicología moderna a menudo nos bombardea con etiquetas o teorías contradictorias que nos dejan a la deriva. Para salir de este caos y construir un "yo" que no se desmorone ante la primera tormenta, no necesitas más frases motivacionales. Necesitas un mapa, una base científica e histórica segura para construir nuestro "quién somos y soy".

Por eso, vamos a viajar al origen mismo de la ciencia psicológica, guiados por el genio de Averroes en el siglo XII. Como nos indica la cita que abre este capítulo, Averroes describió racionalmente algo: somos aquello que percibimos. Nuestra identidad se fabrica instante a instante a través de nuestra interacción con el mundo.

Esta idea, que podría parecer solo filosófica, es una herramienta práctica. Si tu personalidad se ha construido sobre percepciones distorsionadas, miedos antiguos y creencias artificiales, significa que puedes aprender a percibir de una manera nueva.

En las siguientes páginas, te enseñaré a utilizar la sabiduría de Averroes no como teoría, sino como un manual de instrucciones. Aprenderás a reestructurar los sesgos perceptivos a través de los cuales procesas tu entorno. Al comprender cómo se ensamblan tus sentidos y tu consciencia, ganarás una seguridad nueva. Dejarás de ser una víctima de tus reacciones automáticas y te convertirás en el arquitecto consciente de tu identidad.

Acompáñame. Es hora de dejar atrás el miedo y empezar a construir, a la persona libre y segura que estás destinado a ser.

Averroes y la lente creadora: "La percepción es el sujeto"

En la multicultural ciudad de Córdoba, en el corazón de Al-Ándalus. Allí vivió un hombre que no fue un erudito que recitaba textos antiguos; fue, en realidad, el primer psicólogo científico de la historia: Ibn Rushd, conocido en el mundo occidental como Averroes.

En aquella época, el estudio de la mente humana estaba secuestrado por la religión y la metafísica. Se pensaba que el ser humano estaba habitado por un "alma" mística, un ente espiritual que estaba más allá de la carne, que flotaba dentro de nosotros como un fantasma. Los problemas de la mente se consideraban problemas del alma, castigos divinos o cuestiones de fe. Pero Averroes, un científico, juez y médico adelantado a su tiempo, separó el estudio de la mente de la teología.

Este suceso convirtió a Averroes en una figura incomprendida por el pueblo andalusí y por el poder político y militar; fue perseguido por sus ideas en su época y en épocas posteriores. Su forma de entender la mente chocaba con los dogmas de su tiempo. En el siglo XII, la fe dictaba como verdad incuestionable que el ser humano poseía un alma individual, espiritual e inmortal. Sin embargo, al usar lógica y observación científica en la psicología, Averroes llegó a una conclusión fundamental: el "yo" individual que piensa y siente se construye a partir de los sentidos y la interacción del cuerpo físico con su entorno. Por lo tanto, al estar ligado a la materia, Averroes demostró lógicamente que ese sujeto individual, esa suma de percepciones que nos hacen sentir, perece cuando el cuerpo muere.

Esta afirmación, que negaba la inmortalidad del alma desde el punto de vista de la demostración científica, le costó el rechazo, pues parecía un ataque directo a la fe. Pero Averroes no era un hereje destructivo, ni un enemigo de la espiritualidad; era, de hecho, un hombre de profunda fe, además de un pensador riguroso que supo delimitar los ámbitos del conocimiento. Él sostenía que, si bien la inmortalidad del alma individual no podía ser demostrada mediante la ciencia y la razón empírica, la búsqueda de lo bueno y bello en la creencia de un mundo mejor era válida y necesaria. Averroes pensaba en la fe religiosa como un "deseo bueno", un impulso común de ayuda, consuelo y esperanza que el ser humano experimenta y procesa por estar mezclado con la imaginación sensorial. Para él, no existía contradicción: la ciencia explica la mecánica estricta de nuestra realidad material y temporal, demostrando cómo funcionamos, mientras que la fe sostiene nuestra esperanza moral. Ambas operaban en paralelo y se ayudan mutuamente.

Averroes pensaba en el ser humano como un organismo vivo que interactúa constantemente con su entorno. Su naturalismo, muy influido por Aristóteles, le llevó a establecer la primera epistemología psicológica de la historia. La epistemología no es más que el estudio riguroso de cómo construimos nuestro conocimiento; es preguntarnos: "¿Cómo sé lo que sé? ¿Cómo adquiero la certeza de quién soy yo y de qué es el mundo exterior?".

Para responder a estas preguntas, formuló un concepto que tiene en sí la base para entender los trastornos de la personalidad modernos: "La percepción es el sujeto".

Detente un momento a pensar en esta afirmación. Solemos creer que somos un "Yo" estático, un ente abstracto, una especie de entidad preexistente que simplemente se dedica a registrar el mundo exterior. Creemos que primero "somos" y, posteriormente, "percibimos". Averroes demostró en su Comentario al Alma de Aristóteles que la realidad trabaja al revés. No somos un ente abstracto e inmutable; somos aquello que percibimos.

Nuestra identidad, nuestro sujeto psicológico, se fabrica, segundo a segundo, estímulo a estímulo, a través del procesamiento de nuestros sentidos. Cuando percibes el calor del sol, el tono de voz de una persona, el rechazo de un jefe o el abrazo de un amigo, tu mente procesa esa información sensorial y, en ese instante de aprehensión, te conviertes en el resultado directo de esa percepción. Si tu percepción registra el mundo como un lugar seguro, te configuras materialmente como un sujeto confiado, abierto y capaz de amar. Si tu estructura perceptual interpreta el mundo como un campo de batalla lleno de enemigos, te configuras como un sujeto aterrorizado, a la defensiva y agresivo. La percepción no es una herramienta que "tienes" o que usas a voluntad; la percepción es el material ontológico, la base neurobiológica mediante la cual se estructura y sostiene tu "Yo".

Si aplicamos este pensamiento a tu realidad, el caos incomprensible comienza a cobrar sentido. Si somos lo que percibimos, entonces tu problema fundamental no es que estés habitado por un "demonio", ni que seas una mala persona. Tu problema, en su nivel más primario, es perceptual.

Tu sentido del "yo" se encuentra alterado porque procesas la realidad mediante un filtro perceptivo fuertemente condicionado por el trauma de tu infancia, la sobreprotección o el secuestro de tus necesidades. A partir de este momento, abandonaremos la metáfora para hablar con la precisión que exigen la filosofía y la ciencia: padeces un fallo estructural en tu procesamiento de la realidad. Tu percepción —más afectada por lo que imaginas que por lo que realmente entiendes— no te permite registrar el mundo con objetividad. Actúa como un filtro muy rígido que traduce los estímulos externos a tu propio lenguaje de supervivencia.

Pensemos en cómo opera esta percepción distorsionada en tu vida diaria. Cuando una persona con una percepción sana y basada en creencias realistas recibe una crítica constructiva por parte de su pareja (por ejemplo: "Cariño, me hizo sentir mal que no me escucharas ayer"), su sistema capta el mensaje real y objetivo: existe un conflicto relacional y hay un intento del otro por conectar. Esa persona percibe una oportunidad para expresarse y se dispone, en ese momento, a generar intimidad, conocimiento mutuo y estabilidad emocional.

Pero, ¿qué percibes tú al recibir exactamente el mismo estímulo sonoro? Tu procesamiento cognitivo altera inmediatamente la información. No percibes una petición de intimidad o una necesidad de ajuste; tu percepción registra un ataque, una humillación intolerable, un intento de aniquilación de tu creencia interna. Y recordando que la percepción crea tu realidad, en el instante en que percibes ese ataque, adoptas inmediatamente una postura de extrema defensa. De esta mecánica perceptual surge tu ira desproporcionada, tu necesidad de devaluar al otro o tu victimismo.

No reaccionas a los hechos objetivos que te han planteado; reaccionas exclusivamente a la realidad amenazante que tu propia percepción acaba de fabricar.

Donde el otro te ofrece una oportunidad de intimidad vulnerable, tu percepción codifica una amenaza de asfixia o la exigencia de una perfección que te agota emocionalmente. Donde existe un entorno de colaboración natural en el trabajo, tu mente traduce a tus compañeros como una competencia que intenta arrebatarte tu estatus. Donde surge una simple divergencia de opiniones en una charla de sobremesa, tú percibes un desafío directo a tu autoridad intelectual.

Esta distorsión incesante es lo que nos permite comprender la verdadera tragedia de tu vacío. Si te construyes a partir de lo que percibes, y tu percepción de la realidad se basa en amenazas imaginarias, autoengaños y en la necesidad de ser esa imagen idealizada, la consecuencia lógica es que tu sentido del "yo" es artificial.

Sientes un vacío insoportable porque, en esencia, eres un sujeto desconectado habitando una realidad distorsionada por tu propio déficit perceptual. Tu "yo" es un espejismo que solo se sostiene por la validación externa. Al no percibir la realidad objetiva de los vínculos, del amor incondicional, de la compasión y del perdón —porque tu sistema filtra todos estos estímulos como muestras de debilidad o manipulación—, no puedes construirte como un ser humano completo y arraigado. Tu convicción sobre ti mismo no se fundamenta en la evidencia de la experiencia humana compartida; carece de sustento empírico, exigiendo validación externa para no desestructurarse.

Entender tu propia mente desde esta perspectiva te otorga un poder para cambiar. Piensa en las veces que tu pareja o tus seres queridos han intentado discutir lógicamente contigo, presentándote pruebas, hechos innegables y razones evidentes de que tu comportamiento les estaba dañando. Para ellos, la experiencia fue como chocar contra un muro de hormigón; terminaron exhaustos, desorientados y dudando de su propia cordura. Ahora la ciencia de la percepción te explica por qué ocurrió esto: ellos intentaban debatir sobre la realidad compartida y objetiva, pero tú estabas reaccionando visceralmente a la realidad paralela que tu estructura perceptual acababa de crear para defenderte.

Por eso, como terapeuta, sé que no puedo curarte ni resolver tus conflictos simplemente pidiéndote que "te comportes mejor", apelando a tu moralidad o exigiéndote un buen trato. Para reparar tu estructura, en terapia tenemos que llevar a cabo un trabajo de reingeniería lógico: vamos a desmontar ese filtro perceptual, a enseñarte a integrar los estímulos sin idealización, y a acompañarte pacientemente para que aprendas a percibir el mundo desde cero. Solo cuando tu percepción logre registrar la humanidad real, vulnerable y compasiva que te rodea sin interpretarla como una amenaza, podrás actuar aceptando los afectos externos.

Averroes y las Causas Formales: El nacimiento de la primera psicología científica

Cuando buscamos el origen de la psicología, los manuales modernos suelen llevarnos a finales del siglo XIX en Alemania, o a los divanes del psicoanálisis en la Viena de principios del siglo XX. Sin embargo, para encontrar los cimientos científicos de la mente como hoy la conocemos, debemos viajar mucho más atrás en el tiempo, concretamente a la Córdoba del siglo XII. Allí encontramos a Ibn Rushd, conocido en Occidente como Averroes, un pensador, médico y juez que debe ser reconocido legítimamente como el primer psicólogo de la historia. Dedicó su vida a crear una ciencia psicológica rigurosa, separándola de la metafísica y de las interpretaciones teológicas de su tiempo. Averroes estableció una epistemología psicológica —es decir, la lógica fundamental que demuestra cómo adquirimos el conocimiento y cómo se forma nuestra mente— que sigue asombrosamente vigente hoy en día.

Para comprender la magnitud de su aportación y cómo esto nos ayuda a desarmar el laberinto del trastorno narcisista, debemos adentrarnos en un concepto filosófico heredado de Aristóteles: las causas formales.

En filosofía clásica, para que algo exista, necesita de diferentes causas. La "causa material" es de lo que está hecho algo (la madera de una mesa, o la carne y las neuronas de nuestro cuerpo). Pero la madera por sí sola no es una mesa hasta que no adquiere una forma específica. Esa es la "causa formal": el plano, la esencia, el diseño que hace que la materia se comporte y exista de una manera determinada.

Averroes toma esta necesidad, y la lleva al terreno de la mente humana para alejarnos del dualismo que nos hace creer que el "alma" o la "mente" es un fantasma mágico que flota dentro de nosotros. Averroes resume su psicología en una frase: "El alma es la forma del cuerpo físico".

¿Qué significa esto en la práctica terapéutica? Significa que cuando pensamos, no pensamos en materia, pensamos en formas. La mente, los sentimientos, y la mismísima consciencia de lo que somos no son entidades místicas; son las "causas formales" de nuestro ser. En otras palabras, nuestras creencias, nuestros comportamientos y nuestra identidad son las formas que adquiere nuestro organismo vivo al chocar e interactuar constantemente con el ambiente que nos rodea.

Si un niño crece en un ambiente de sobreprotección extrema o de exigencia, donde no se le permite frustrarse o donde se le idolatra sin medida, su organismo interactúa con ese contexto anómalo. La "forma" que adquiere su mente para adaptarse a esa realidad es la máscara de la grandiosidad o el escudo del victimismo. Esa máscara narcisista no es una enfermedad del cerebro en sí misma, ni un demonio espiritual; es simplemente la "causa formal" —la creencia o el comportamiento— que su cuerpo físico y su sistema nervioso han desarrollado para poder sobrevivir a las demandas de su entorno.

Mi perspectiva conductual y humanista

Lo verdaderamente asombroso de la epistemología de Averroes es que no se quedó atrapada en la Edad Media. Esta visión de la mente, donde la conducta y la identidad son formas "esculpidas" por la interacción con el contexto, encuentra su validación empírica en la psicología científica contemporánea.

A lo largo de mi trayectoria, he consolidado una síntesis teórica que conecta directamente esta filosofía andalusí con una visión radicalmente humana de la psicología y del comportamiento.

Desde mi punto de vista, el enfoque conductual y humanista moderno, cuando se entiende, sostiene lo que Averroes promulgaba hace novecientos años: que el comportamiento humano (nuestra forma de sufrir, de amar o de defendernos) no nace de la nada ni de un "yo" abstracto y averiado, sino que es una función directa, una forma que surge de la interacción continua entre el individuo y su ambiente.

Esta base teórica que nos aporta Averroes no es filosofía abstracta; es una hoja de ruta terapéutica que cambia las reglas del juego para todos en esta sala:

Para la víctima: Te demuestra empíricamente que tú no eres la causa de su conducta defensiva. Su forma de reaccionar ya estaba presente antes de conocerte.

Para el profesional: Nos entrega la certeza de que nuestro trabajo en consulta es crear un nuevo 'ambiente' que obligue al organismo del cliente a generar una forma de existir más coherente para sí misma.

Para el protagonista: Entender que tu conducta es una "forma aprendida" significa que puedes moldear una nueva. No estarás alterado para siempre.

Nos demuestra que las formas de sufrir —como la hipersensibilidad a la crítica o la falta de empatía afectiva— no son sentencias. Son formas alteradas por la imaginación que han sido aprendidas y, por lo tanto, pueden ser transformadas.

Por este motivo, la psicoterapia no es una simple charla de desahogo. Es un ejercicio riguroso donde investigamos y trabajamos sobre las formas (creencias y percepciones) de la mente humana. El terapeuta se convierte en un nuevo "ambiente" seguro. Al interactuar con este nuevo contexto, la persona se ve obligada a generar una nueva "causa formal". Ya no necesita la forma de la grandiosidad o el victimismo para sobrevivir en la consulta; poco a poco, comienza a reconocer una nueva creencia, una nueva forma de existir anclada en la vulnerabilidad y en la coherencia.

Esta es la propuesta que tienes en tus manos. No te pido que cambies sin razón. Te demuestro que, dado que tu identidad es una forma nacida de tu interacción con el mundo, tienes el poder biológico y lógico de esculpir una forma distinta.

La explicación del "Sentido Común" en la primera psicología científica.

Para comprender cómo una persona llega a desconectarse de los sentimientos de sus seres "queridos", debemos dar un paso más en la ciencia psicológica de Averroes. Ya hemos establecido que "la percepción es el sujeto", es decir, que nuestro "yo" se fabrica a través de lo que percibimos. Pero, ¿cómo ocurre ese sujeto biológico? ¿Qué mecanismo interno toma las formas del mundo y las convierte en nuestra identidad? Para responder a esto, Averroes describió un concepto que casi mil años después sigue siendo la base indiscutible de la neurología, la psicología y la psiquiatría modernas: **el sentido común**.

Cuando hoy en día usamos la expresión "sentido común", solemos referirnos a la lógica popular, a la capacidad de tomar decisiones prudentes o a "lo que todo el mundo sabe". Te pido que borres esa definición de tu mente. En la ciencia psicológica original, el "Sentido Común" (el *sensus communis* heredado de Aristóteles y refinado por Averroes) es biológico y literal. Es el procesador central del cerebro.

Averroes entendió por primera vez el cerebro humano tal y como lo entiende la ciencia del siglo XXI. Él observó que nuestros cinco sentidos externos son como cables independientes que recogen información fragmentada del mundo: los ojos solo captan luz y color; los oídos solo captan ondas sonoras; la piel solo registra presión y temperatura. Sin embargo, tú no experimentas el mundo como una mezcla caótica de colores y ruidos inconexos. Tú experimentas una realidad unificada.

¿Qué mecanismo neurológico realiza esta integración? El sentido común. Es este procesador interno el que unifica la información visual, auditiva y táctil, y la integra en el encéfalo en una sola realidad. Cuidado, Averroes nos advierte: los sentidos captan señales externas puras, pero lo que finalmente *percibimos* es una mezcla producida en nuestro cerebro, y esa mezcla depende tanto de la imaginación como de la información que reciben nuestros sentidos.

Es aquí donde la psicología de Averroes se vuelve humana. Él sostenía que necesitamos ser imperfectos para poder entender el mundo y a nosotros mismos. Un ser divino y perfecto no necesita percibir; ya lo sabe todo. Pero los seres humanos estamos diseñados para aprender a través de la fricción, del error y de la constante actualización de nuestra imaginación al chocar con la realidad. Nuestra imperfección no es un defecto de fábrica; es la condición biológica indispensable para que nuestro "sentido común" aprenda, se calibre, y se ponga en el lugar de otra persona.

Este conocimiento no era para Averroes solo intelectual. Era un conocimiento práctico basado en la experiencia. Además de juez y filósofo, Averroes fue uno de los médicos más famosos de su tiempo –y de siglos posteriores–, su obra médica se siguió estudiando en las universidades europeas hasta el Renacimiento En su práctica médica diaria, realizaba lo que hoy llamaríamos "terapia hablada" (psicoterapia) con sus pacientes. Y sus pacientes no eran personas comunes; muchas veces eran los gobernantes, emires y autoridades de las ciudades de Córdoba, Sevilla o Granada en los territorios de Al-Ándalus: hombres poderosos, sometidos a un inmenso estrés, rodeados de aduladores y con egos colosales que, a menudo, enfermaban del "alma" al perder el contacto con la realidad. Averroes se sentaba con ellos y, a través de la palabra, intentaba "limpiar" su imaginación, ayudándoles a aceptar su imperfección para que su sentido común volviera a procesar la realidad de sus reinos.

La empatía no es bondad, es traducción.

Usaremos el concepto del Sentido Común averroísta para explicar tu famosa "falta de empatía", pero esta vez, sin juzgarla como un acto de pura maldad calculada o psicopatía demoníaca. Vamos a entenderla como lo que realmente es: un fallo mecánico en tu procesador central.

Imaginemos una situación terriblemente dolorosa pero común. Estás discutiendo con tu pareja. La otra persona, agotada por el frío emocional, se derrumba. Tienes frente a ti a la persona que supuestamente amas, llorando desconsoladamente.

Veamos qué ocurre en ese fallo de tu percepción. Tus sentidos externos funcionan perfectamente. Tus ojos captan las lágrimas cayendo por el rostro de tu pareja (vista). Tus oídos escuchan su voz quebrada diciendo: "Por favor, solo necesito que me abraces y me entiendas" (oído). Toda esta información sensorial viaja intacta hacia tu cerebro.

En una estructura sana, estos datos llegan al encéfalo, se mezclan con una imaginación sana (que sabe que el otro es un ser humano vulnerable) y el procesador genera un concepto unificado y claro: "Mi pareja está sufriendo, está herida y necesita mi consuelo". Esto significa que se ha experimentado un sentimiento real, que activa automáticamente la empatía y la conducta de acercamiento.

Pero en tu caso, al no haber desarrollado una estructura de personalidad anclada en la realidad (con las experiencias individuales y sociales que forman la intimidad entre personas), tu procesador central está averiado. El desarrollo de ese sentido común integrador se vio severamente alterado en tu infancia debido a la sobreprotección, el secuestro de tus necesidades o el trauma. Tu imaginación fue programada con un filtro paranoico que te dicta qué debes ser, y que te convence de que cualquier debilidad puede destruirte.

Por lo tanto, cuando los datos visuales (lágrimas) y auditivos (reclamo de afecto) entran en tu sentido común, tu procesador lo hace a tu manera. Tu imaginación secuestra la información y hace una traducción errónea. En lugar de formar el concepto "mi pareja sufre", tu mente ensambla un sentimiento diferente: "Me están atacando. Me están exigiendo algo que me agota. Me están intentando hacer sentir culpable para manipularme y robarme el control".

Esta es tu ceguera emocional. Es una ceguera literal de tu percepción. Reaccionas con frialdad, desprecio o ira defensiva, no porque veas el sufrimiento de tu pareja y disfrutes sádicamente con él (como haría un psicópata), sino porque, mecánicamente, no estás percibiendo sufrimiento. Estás percibiendo una amenaza a tu creencia artificial. Tu sentido común, intoxicado por un ego frágil, te ha mentido. Ha traducido el amor y la vulnerabilidad en peligro y competencia.

Entender tu falta de empatía como un fallo mecánico en el sentido común es el mensaje más esperanzador que la ciencia psicológica puede ofrecerte. Si tu estructura fuera pura maldad intrínseca, estaríamos ante una condena perpetua en la consulta. Sin embargo, si el problema es que tu procesador interno traduce mal los estímulos debido a unas creencias contaminadas, entonces tu cambio adaptativo es mecánicamente posible bajo tratamiento profesional.

Para ti y para mí en la consulta, esto transforma mi papel como terapeuta. Sabiendo que "la percepción es el sujeto", la terapia no puede consistir en darte sermones morales. No me sirve de nada decirte: "Deberías ser más empático, deberías ser más bueno, mira cómo haces sufrir a tu pareja". Hacer eso sería hablarle a la pared, porque tu procesador no registra ese sufrimiento como real; lo registraría como un ataque directo por mi parte.

La adaptación de tu comportamiento exige un trabajo técnico y compasivo: tenemos que reeducar tu percepción. Tenemos que acceder a las bases de tu forma de procesar y ayudarte a percibir la realidad con mayor claridad. La terapia consistirá en exponerte a pequeños estímulos emocionales seguros aquí, en la consulta, ayudándote a frenar tu imaginación antes de que traduzca el estímulo en amenaza. Te enseñaré a cuestionar tu propio procesador. Cuando sientas que alguien te ataca, aprenderás a detenerte y preguntarte: "¿De verdad me están atacando, o es mi necesidad de perfección la que me hace ver enemigos donde solo hay personas imperfectas como yo?".

Al comprender esta mecánica, todos los que estamos en este viaje dejamos de ser víctimas de la confusión. Averroes nos dio los planos de la máquina perceptiva, pero, como veremos a continuación, para que tu mente se ponga en marcha, necesitas entender las leyes de la alegría y la tristeza que gobiernan tu comportamiento. Ha llegado el momento de invitar a Baruch Spinoza a nuestra consulta.

Nota para el entorno: El escudo de la realidad

Si eres tú quien convive con una persona con esta estructura, debes leer la mecánica de Averroes con cuidado. Que su ceguera emocional sea un "fallo mecánico" o perceptivo jamás justifica el daño que te causa.

Esta explicación científica que acabo de detallar no es una invitación para que asumas el "Complejo del Salvador". Tú no eres su psicólogo, ni tu afecto sano puede reparar su procesador averiado. Esta esperanza mecánica pertenece estrictamente al ámbito de la consulta; en el pasillo de tu casa, tu única obligación moral y vital es proteger tu identidad del abuso.

Spinoza y la física de las emociones: El motor del "Sujeto"

A lo largo de este capítulo hemos construido una base. Gracias al genio que tuvo Averroes, sabemos cómo se fabrica nuestra identidad. Hemos comprendido que "la percepción es el sujeto" y que, a través de ese procesador central llamado sentido común, nuestra mente traduce los estímulos del mundo exterior (las luces, las palabras, los gestos) en nuestra realidad. Averroes nos proporcionó el modelo estructural de la percepción y nos explicó por qué, en el perfil narcisista, este procesamiento se encuentra alterado y traduce los estímulos como una amenaza.

Sin embargo, poseer el mapa del motor no es suficiente para entender cómo se mueve un vehículo. Averroes nos explicó cómo *vemos* y procesamos el mundo, pero deja en el aire una pregunta fundamental: ¿Qué hacemos con eso que percibimos? ¿Qué es lo que nos empuja a reaccionar, a gritar, a huir, a abrazar o a manipular? ¿Cuál es el impulso vital o afectivo que dirige ese procesamiento y que determina nuestra conducta?

Para encontrar esta respuesta y completar nuestra ciencia del cambio, debemos dar un salto en el tiempo desde la Córdoba del siglo XII hasta la Ámsterdam del siglo XVII. Allí nos espera otro genio: Baruch Spinoza. Un hombre que, como el primero, fue incomprendido y perseguido en su época y en posteriores, por atreverse a mirar al ser humano utilizando la razón.

Hasta la llegada de Spinoza, y lamentablemente aún en gran parte de la psicología popular moderna, las emociones se entendían como una especie de magia incontrolable. Se creía (y muchos pacientes llegan a consulta creyendo esto) que la ira, la tristeza, el orgullo o el amor son fuerzas caóticas, irracionales que nos poseen desde el exterior o fallos de nuestro carácter que debemos controlar con fuerza de voluntad.

Spinoza, en su *Ética*, destrozó esta visión infantil y nos entregó una verdad: las emociones no son magia; obedecen a leyes naturales y pueden demostrarse.

Spinoza se propuso estudiar los afectos humanos —nuestros odios, nuestros deseos, nuestras alegrías— con el rigor lógico y matemático con el que un físico estudia las líneas y otros cuerpos geométricos. Nos demostró que la mente no es un reino misterioso y anárquico flotando fuera de la naturaleza, sino que es una parte integral de ella y, por tanto, está sujeta a sus leyes.

Para comprender esta física emocional en la consulta, debemos dominar una diferencia fundamental entre estos términos antiguos: los conceptos de affectio (afección) y affectum (afecto).

Una afección (affectio) es algo externo que te impacta; es la fricción pura de la realidad dejando una huella física o psicológica en ti, como un golpe en la piel, una palabra, un gesto o el simple silencio de tu pareja; es, como ves, lo que llamamos experiencia. Un afecto (affectum), en cambio, es cómo ese impacto externo se transforma dentro de tu propia maquinaria interna: es la creencia o el deseo que tú fabricas como respuesta.

En tu mente, al operar bajo esta estructura defensiva, esta diferencia se borra; confundes constantemente el impacto externo con tu reacción interna. Llegas a convencerte de que tu rabia, tu miedo o tu sensación de abandono son culpa directa y objetiva de lo que el otro hizo, sin darte cuenta de que son el producto de tu propia maquinaria de traducción.

Aprender a distinguir entre lo que ocurre fuera (el hecho) y cómo te afecta dentro (tu traducción) es el primer paso para que puedas construir un sentido del yo sano. Es decir, te describirás, te entenderás y te sentirás infinitamente mejor cuando logres diferenciar estas dos realidades, porque dejarás de ser una víctima pasiva del entorno para recuperar el control sobre tu propio procesador.

Spinoza nos entrega la llave de esta curación en la Proposición 4 de la parte 5ª de su *Ética*: "No hay afección alguna del cuerpo de la que no podamos formar un concepto claro y distinto". Es decir, tienes el poder biológico de observar el impacto externo sin secuestrarte en él.

Pero para lograr esto, debemos entender una regla de la física de nuestras emociones: "Solo se puede conocer verdaderamente aquello que te afecta, y lo que te afecta solo puede ser un cuerpo o una función de un cuerpo". En psicología, ¿qué es un "cuerpo"? Un cuerpo no es solo carne y hueso. Una percepción es un cuerpo; una emoción es un cuerpo; una creencia rígida es un cuerpo. Son cosas tangibles con un peso, una estructura y una mecánica propia. Cuando entiendes que tus emociones son "cuerpos", dejan de ser magia incontrolable y se convierten en engranajes que puedes desmontar y comprender.

Al igual que el principio de la física gravitacional dice que todo cuerpo tiende a caer, el principio fundamental de la "física emocional" de Spinoza, que mueve todos estos cuerpos internos, se resume en el *conatus.*

El *conatus* es el impulso de todo ser vivo por perseverar en su propia existencia. Es tu fuerza vital, tu instinto biológico y psicológico de seguir siendo, de sobrevivir y de expandirte. Todo lo que haces en tu vida, desde respirar hasta enamorarte, desde trabajar hasta discutir con tu pareja, es una expresión de tu *conatus.*

Spinoza nos explica que, a medida que interactuamos con el mundo (es decir, a medida que nuestra forma de percibir aprende y *percibe a su modo* la realidad), nuestro *conatus* sufre variaciones. Nuestra fuerza vital, la alegría o tristeza, aumenta o disminuye, dependiendo de qué o quién nos afecte. Y estas variaciones de nuestra potencia de existir son lo que Spinoza llama affectio (emociones) o affectum (sentimientos).

Toda la infinita paleta de nuestras emociones humanas se reduce, en su base matemática, a dos afectos primarios:

La Alegría: Spinoza no define la alegría como una emoción pasajera. La alegría es el afecto que sentimos cuando entendemos que algo *aumenta* nuestro poder de actuar y de existir. Cuando aprendes a fabricar un utensilio para cazar, o cuando estableces una *intimidad* real con tu pareja, sientes alegría. Es una emoción de expansión, pues eres más capaz que antes de sobrevivir y mejorar tu vida futura.

La Tristeza: La tristeza es el afecto que sentimos cuando algo choca contra nosotros y *disminuye* nuestra potencia de actuar y de existir. Cuando nos sentimos amenazados, criticados o abandonados, y entendemos que no podemos hacer algo que antes sí podíamos, nuestra fuerza vital se encoge. Es una emoción de contracción. Nos aísla, nos vuelve temerosos, defensivos y, muy frecuentemente, agresivos. Esta emoción nos avisa: ahora es más difícil la supervivencia, y en el futuro, si no cambia algo, será peor.

Estas definiciones nos permiten pensar la creencia narcisista, es decir, la creencia artificial.

En tu comportamiento, ¿qué es lo que proyectas en la superficie? Arrogancia, orgullo, una necesidad de dominar la conversación, un aire de superioridad intelectual o moral y un desdén altivo hacia las emociones de los demás. Tú estás ciegamente convencido de que estas actitudes son muestras de un poder real. Crees que tu frialdad es fortaleza; crees que tu capacidad para devaluar a otros es una demostración de tu superioridad. Tu sistema de creencias te reafirma constantemente la idea de que posees cierta excepcionalidad frente a los demás; que tú eres el fuerte y los demás son, simplemente, débiles.

Pero la epistemología de Spinoza interviene aquí con precisión, y nos demuestra lógicamente la realidad: tu arrogancia, tu orgullo y tu necesidad de dominar no son expresiones de poder; son, matemáticamente hablando, pasiones tristes. Para Spinoza, una "pasión" (del latín passio, padecer) es una emoción que nos domina desde el exterior, una emoción en la que nosotros somos sujetos pasivos, víctimas de las circunstancias. El orgullo excesivo y la soberbia son pasiones tristes porque, aunque el narcisista grite a los cuatro vientos que es el mejor, esa emoción nace de un encogimiento interno, de un terror a no ser suficiente.

Desenmascaremos la grandiosidad: ese orgullo que te protege es, en realidad, la forma extrema y secreta de debilidad emocional. ¿Por qué? Porque, en el fondo, es una emoción triste.

Piensa en esta deducción. Un individuo verdaderamente poderoso, aquel que ha alcanzado un conocimiento experto de sí mismo y goza de una alegría expansiva, no necesita que nadie le aplauda para saber que existe y que es valioso. Su conatus —su fuerza vital— es fuerte. Se gobierna a sí mismo con la empatía y vulnerabilidad que encuentra en su ambiente. Sin embargo, tú dependes de la reacción de un factor externo que no conoces bien para no desmoronarte.

Te has convertido en un esclavo de tu propia audiencia. Si tu pareja deja de mirarte con adoración, si tu jefe no te reconoce un mérito, o si en las redes sociales no recibes la validación esperada, tu mundo colapsa. Tu "poder" no te pertenece; está secuestrado en los ojos de los demás. Sientes la necesidad de dominar a tu pareja, de humillar a tus rivales y de coleccionar admiradores precisamente porque tu potencia interna de existir —tu *conatus*— se encuentra mermada. Tu agresividad no es una demostración de poder real; es la reacción defensiva de un organismo aterrorizado cuya vitalidad se encuentra severamente mermada.

Al comprender que tu altivez es una defensa frente a una impotencia y que dependes en exceso de las opiniones ajenas, tu perspectiva sobre ti mismo cambia.

Para quienes han convivido con esta estructura:

Entender esta física de las emociones es la llave de vuestra libertad. Os permite dejar de ver a un monstruo todopoderoso e invencible, para empezar a ver a un ser humano con un sesgo perceptivo severo y cuyo impulso vital depende de una validación externa desadaptativa.

Para ti, que llegas atormentado por el agotamiento:

Descubrir que tu actual estrategia de vida te está debilitando y esclavizando es tu posibilidad de cambiar. Es el primer paso indispensable para que quieras soltar la máscara.

Descubrir que tu actual estrategia de vida te está debilitando y esclavizando es el primer paso indispensable para querer cambiar.

La verdadera grandeza, el poder que has buscado de forma equivocada durante toda tu vida, solo se encuentra en la alegría y en la valentía de abrazar tu imperfección. También se encuentra en el coraje de cruzar el puente hacia el otro y en la paz de "estar contento", sabiéndote un ser humano vulnerable entre otros individuos que también lo son.

Para comprender por qué tu estructura es una prisión de la que debes escapar, es fundamental detenernos en un concepto que Spinoza expuso en su *Ética*: la sobreestimación.

Spinoza definía la sobreestimación (aquello que comúnmente llamamos soberbia, grandiosidad u orgullo desmedido) como el acto de pensar de uno mismo, por amor propio, más de lo que es justo o real. En nuestra cultura actual, profundamente obsesionada con el éxito, la competitividad y la imagen, creerse superior podría parecer una ventaja, una especie de armadura de poder o una inyección de autoconfianza. Sin embargo, Spinoza nos demuestra con lógica matemática que tu sobreestimación no es en absoluto una alegría (una emoción que te expande y conecta), sino una tristeza.

¿Por qué ocurre esto exactamente en tu mente? Cuando te sobreestimas, construyes una creencia artificial en la que eres más inteligente, más perfecto o más capaz de lo que objetivamente eres. Al salir al mundo a interactuar, actúas influido por esa fantasía.

Pero a veces la realidad te muestra consecuencias observables que no puedes ignorar. Aunque con esfuerzo y pericia has aprendido a no verlas, o a interpretarlas a tu favor, sientes una necesidad constante de comprobar que la realidad no es esa amenaza que intuyes. Tu procesador interno te muestra, de forma innegable, que a veces no eres tan capaz como creías, que no dominas la situación, que cometes errores humanos, o que las personas de tu entorno no te tratan como deberían. Es decir, el mundo exterior no confirma lo que tú dices ser. Si el mundo te lo confirmase, tu seguridad y tranquilidad no te obligarían a interpretar la realidad constantemente, ni a convencer a otros de lo que quieres que vean. Pero al contrastar la fantasía de tu sobreestimación con la realidad que te muestra tu sentido común, experimentas una fuerte disonancia psicológica. Tu potencia vital por existir (tu conatus) no aumenta.

Al procesar esta disonancia para ti mismo y frente a los demás, experimentas pasiones tristes. Sientes una vergüenza secreta por haber sido expuesto en tu imperfección, sientes miedo a perder tu estatus o a ser descubierto como un fraude, y reaccionas con enfado contra el mundo por no ajustarse a tu guion ilusorio. Toda esta dinámica interna está hecha de tristeza.

Para huir de este dolor y de la consciencia de tu propia vulnerabilidad, tu mente crea una adicción perversa sobre sí misma. Al no poder tolerar la detestable tristeza de tu imperfección, necesitas la opinión externa. Te vuelves adicto a que los demás te confirmen que la mentira que te cuentas sobre ti mismo es verdad, y que lo que realmente sientes en tu interior (tu fracaso, tu vergüenza o tu miedo) es mentira. Exiges que te devuelvan tu imagen de grandeza para silenciar la angustia.

Esta adicción perversa a la validación externa consume todo tu esfuerzo. Esta tristeza crónica te hace imposible conocer a otras personas de forma genuina y, por supuesto, te impide conocerte a ti mismo. Al vivir secuestrado por la necesidad de sostener el espejismo para tapar la vergüenza, anulas por completo tu capacidad de experimentar los sentimientos sociales. No hay intimidad, no hay estabilidad de los afectos, no hay alegría; solo queda el agotador y solitario trabajo de mantener viva la mentira de la sobreestimación para no hundirte de golpe en la tristeza. Tu vida se convierte en una lucha constante, donde siempre te encuentras dudando de si estás realmente alegre o triste.

El alivio de la comprensión: El fin del monstruo

Hemos recorrido un camino intelectual y emocional muy antiguo en este capítulo. Hemos navegado a través de la tormenta incompetente de la psicología moderna, esquivando las etiquetas frías y los diagnósticos etiquetantes, para buscar refugio en la sabiduría más sólida y antigua de la historia de la ciencia. Hemos bajado a las profundidades de nuestra civilización, mirando los rincones oscuros con la linterna de la razón. Y ahora que hemos comprobado lo que vemos, es el momento de detenernos, soltar el aire acumulado y respirar aliviados.

¿Sientes ya el alivio que otorga la comprensión? La cultura popular y los foros de internet nos han enseñado a mirar el narcisismo como un monstruo indomable o una maldad esotérica. Esa visión, además de ser científicamente falsa, es una trampa:

Si padeces las consecuencias de esta estructura: Creer en el monstruo te aterroriza y te paraliza, convenciéndote de que no tienes escapatoria ante alguien todopoderoso.

Si sufres esta estructura en tu propia identidad: Creer en ese mismo monstruo te paraliza por la vergüenza, convenciéndote de que estás intrínsecamente podrido y que pedir ayuda es inútil porque no tienes salvación.

Si el narcisismo es un monstruo místico o una condena inamovible, entonces no hay nada que hacer. Si es un demonio, solo queda la resignación, la huida o el sufrimiento crónico.

Pero al pensar en el cambio psicológico con los pilares que nos llegan de Averroes y Spinoza, el narcisismo no es un monstruo sobrenatural ni una maldición incomprensible del alma. Es, desde un punto de vista clínico y riguroso, un sistema perceptivo y afectivo bloqueado en su modo de supervivencia.

Al comprender esta base de la ciencia psicológica, la sensación de que hay una especie de "magia negra" o de defecto imborrable en ti desaparece, dejando paso a una mecánica que podemos observar y reparar. Ahora puedes ver con tus propios ojos cómo funciona tu propio engranaje: tienes un procesador central (tu sentido común) que, debido a la sobreprotección en tu infancia o al trauma que viviste, desarrolló una forma distorsionada de percibir la realidad.

Esas "gafas sucias" que llevas puestas reciben los estímulos afectivos, de la cercanía vulnerable o del conflicto natural de una relación, y tu mente los traduce erróneamente como si fueran amenazas directas. Y como ya hemos visto que "la percepción crea tu realidad", al percibir amenazas constantes a tu alrededor, te has constituido a ti mismo, sin darte cuenta, como una fortaleza en guerra.

Y como toda maquinaria necesita energía para funcionar, este motor defectuoso consume la energía de tu *conatus* a una velocidad vertiginosa. Al no poder encontrar la alegría expansiva de la conexión porque miras a través de un filtro tan opaco que te impide ver al otro, la maquinaria se inunda de tristeza. Y para no detenerte y morir, para no reconocer la tristeza y aquello a lo que te obliga, el ego compensa esa angustia.

Esa creencia sobre ti mismo que te hace sentir recurre a la trampa de la sobreestimación: la exigencia tiránica de validación externa, el orgullo desmedido y la manipulación.

La gran mayoría de este caos, los gritos, los castigos de silencio, la arrogancia, el victimismo y la falta de empatía, se reducen a esto: percepción averiada y afectos dependientes. Es un sistema perceptivo y afectivo intentando sobrevivir bloqueado en una respuesta de alerta primaria.

Entender que esta actitud es una maquinaria humana averiada trae consigo el mayor acto de liberación que puedes experimentar:

El alivio para ti, si has sufrido el abuso: Esta comprensión mecánica actúa como un bálsamo que disuelve la culpa. Dejas de preguntarte obsesivamente '¿qué hice mal?', porque ahora sabes que su procesador interno estaba traduciendo tu amor al idioma del miedo. No luchabas contra alguien que te odiaba; chocabas contra una percepción alterada por sus defensas.

La esperanza para ti, si padeces el trastorno: Este descubrimiento es tu puerta abierta hacia la salvación. El diagnóstico deja de experimentarse como una condición inalterable que define tu identidad. Si tu problema es que tus engranajes perceptivos se atascaron, la conclusión es que *esos engranajes pueden ser reparados.*

El sesgo perceptivo puede reestructurarse. La respuesta crónica de supervivencia puede desactivarse. Si aprendes a cuestionar la forma en que traduces la realidad y comienzas a buscar tu potencia en la alegría genuina y no en la sumisión de los demás, tu "sujeto" puede volver a nacer, esta vez construido sobre los cimientos sólidos de la verdad humana.

No hay un destino fatal. Hay ignorancia o hay conocimiento. Y con las bases de Averroes y Spinoza que acabamos de asimilar, has empezado a reconocer el mecanismo oculto de tu propia mente. Hemos construido los cimientos de un mapa que nos explica con lógica cómo percibimos la realidad y cómo se mueven nuestros afectos.

Sin embargo, para que este mapa milenario sea verdaderamente útil en el siglo XXI, necesitamos dar un último paso. No podemos saltar directamente a la acción sin antes aterrizar esta filosofía en la ciencia moderna y en el mundo en el que vives hoy.

En el próximo capítulo, vamos a cruzar el puente entre esta teoría clásica y tu realidad actual. Exploraremos cómo estas leyes inmutables de la percepción se traducen en la cultura moderna, en tu neurobiología y en las presiones de un entorno que alimenta constantemente tu estructura defensiva. Vamos a completar este rompecabezas teórico para asegurarnos de que no quede un punto ciego.

Acompáñame a la siguiente página. Terminemos de trazar el mapa de tu mente con la precisión de la psicología de hoy antes de abrir las puertas de la consulta.

Capítulo 6: Aprendizaje y desarrollo del comportamiento narcisista.

La matriz biopsicosocial del trastorno: El origen de la máscara

A lo largo de los capítulos anteriores, hemos desmontado los mitos culturales que caricaturizan el narcisismo, hemos iluminado la mecánica de nuestra mente a través de la lente perceptiva de Averroes y hemos comprendido la física de nuestras emociones guiados por la lógica de Spinoza.

Con el mapa del comportamiento humano sobre la mesa, es inevitable que surja la gran pregunta. Es el interrogante más persistente y doloroso que resuena en esta sala:

La víctima se pregunta: ¿Por qué? ¿Por qué me hace esto a mí? ¿Nació siendo así de cruel?

El sufriente, en sus momentos de lucidez, se pregunta: ¿Por qué soy así? ¿Cómo he llegado a convertirme en un prisionero de mi propia mente?

Durante décadas, la psicología y la psiquiatría se enfrascaron en una guerra teórica. Algunos defendían que el narcisismo era un destino genético inevitable, una alteración biológica irreversible grabada en el ADN. Otros, desde el psicoanálisis y el conductismo, aseguraban que el niño era una pizarra en blanco (una *tabula rasa*) y que el trastorno era el resultado de unos padres crueles o excesivamente indulgentes.

Hoy, la ciencia psicológica moderna nos ofrece una respuesta mucho más compleja, exacta y compasiva. El trastorno narcisista de la personalidad (TNP) no es ni un castigo, ni un simple error genético, ni exclusivamente un fracaso en la crianza. Es el resultado de lo que denominamos la **matriz biopsicosocial**.

Para entender el desarrollo de esta personalidad, debemos entender esta matriz como un sistema multifactorial. Tres grandes elementos deben interactuar simultáneamente: la biología (nuestra herencia genética), la neurobiología (la estructura física y el cableado de nuestro cerebro) y el entorno (nuestra historia familiar y cultural). Solo cuando estos tres factores convergen de una forma específica, la estructura defensiva narcisista se consolida en el individuo.

1. Biología La heredabilidad de la grandiosidad

El primer componente de nuestra matriz es el factor genético. Cuando hablamos de herencia en psicología, debemos ser cuidadosos. No existe el "gen del narcisismo", del mismo modo que no existe el gen de la tristeza o el gen del amor. Sin embargo, lo que la genética conductual y los estudios modernos con gemelos han demostrado es que ciertos *rasgos temperamentales* tienen una heredabilidad moderada a alta.

¿Qué significa esto? Significa que los seres humanos no nacemos como hojas de papel en blanco. Venimos al mundo con un "borrador" biológico, una predisposición en la forma en que nuestro sistema nervioso reacciona a los estímulos. Algunos niños nacen con un temperamento más reactivo y ansioso, mientras que otros nacen con una fuerte predisposición hacia la asertividad, la búsqueda de sensaciones, la baja tolerancia a la frustración o un impulso natural hacia la dominancia.

En el caso del narcisismo, especialmente en su forma más exagerada, los estudios dicen que hay una base genética que hace que la persona sea más propensa a ser competitiva y a buscar atención. En términos de nuestra *Terapia Espinosa*, podríamos decir que el individuo nace con un *conatus* (ese impulso vital por existir y expandirse) particularmente intenso y descalibrado desde su base biológica, orientado más hacia la conquista que hacia la conexión.

Sin embargo, poseer estos rasgos genéticos no te convierte automáticamente en un narcisista patológico. Un niño puede heredar un temperamento dominante y una gran inteligencia, y si es educado con amor, límites y empatía, utilizará esa "grandiosidad" biológica para convertirse en un líder inspirador, un cirujano brillante o un profesor carismático. La biología, por tanto, no es un destino ineludible; es simplemente la predisposición base sobre la que se construirá el individuo. Pero para comprender cómo esta predisposición biológica se consolida en una estructura patológica, debemos analizar exhaustivamente el entorno en el que se desarrolla.

2. Neurobiología El fallo de hardware en la empatía

Aquí es donde la matriz se vuelve precisa y nos conecta directamente con el "Sentido Común" del que nos hablaba Averroes. Hemos dicho que el narcisista tiene una lente rota y un procesador averiado que traduce mal los estímulos del amor y el dolor ajeno. Hoy, las modernas técnicas de neuroimagen (como la resonancia magnética funcional) nos han permitido mirar dentro del cráneo y descubrir *dónde* está localizado ese fallo mecánico.

La empatía no es un acto de magia ni una decisión puramente moral; requiere de una red cerebral específica y funcional. Cuando hablamos de narcisismo, debemos distinguir entre dos tipos de empatía: la cognitiva (la capacidad de entender lógicamente lo que el otro piensa o siente) y la empatía afectiva o emocional (la capacidad de *sentir* el dolor o la alegría del otro en tu propio cuerpo).

A diferencia de lo que muchos creen, sueles tener la empatía cognitiva completamente intacta. Eres brillante leyendo la mente y el lenguaje no verbal de los demás, captando sus vulnerabilidades y necesidades casi como un escáner. Esta aguda inteligencia emocional es precisamente lo que te permite saber de forma milimétrica qué decir para seducir a alguien al principio, para manipularle después o para hacerle el mayor daño posible cuando te sientes amenazado.

Sabes perfectamente cuándo la otra persona está triste; puedes leerlo en su rostro y en sus gestos. Pero el problema de tu estructura radica en la empatía afectiva: la información se queda atrapada en tu intelecto y no cruza el puente hacia tu cuerpo. Entiendes el dolor ajeno como un dato matemático, no como una experiencia compartida. En resumen: lo sabes, pero no lo sientes.

¿Por qué ocurre esto? Si alguna vez te has preguntado si hay algo malo en ti cuando no logras sentir el dolor de los demás, la ciencia nos ofrece una respuesta que te librará de la culpa. Múltiples estudios neurobiológicos recientes han observado el cerebro de personas que han tenido que construir esta armadura narcisista y han encontrado una realidad anatómica muy clara: a menudo presentan un volumen significativamente menor de materia gris en una zona llamada la ínsula anterior izquierda, así como ciertas variaciones orgánicas en las áreas de la corteza prefrontal.

La ínsula anterior es, ni más ni menos, que el corazón biológico de la empatía emocional y la compasión en el ser humano. Es la estructura viva que permite que, al ver a alguien llorar frente a ti, tus propias neuronas espejo se enciendan de forma natural y experimentes una punzada que activa la expresión de ese sentimiento en tu cuerpo. Es la encarnación anatómica de ese "puente" hacia el conocimiento familiar del que hablamos en el Capítulo 4.

Si a lo largo de tu vida tu cerebro ha desarrollado una menor densidad de tejido en esta zona, tu percepción más básica —tu sentido común— se enfrenta a una barrera biológica. Las imágenes y el sonido del llanto ajeno entran perfectamente por tus ojos y tus oídos; comprendes desde la lógica lo que está pasando, pero tu red neuronal carece de los caminos necesarios para transformar esa vivencia externa en el calor interno de la compasión. La experiencia choca contra un muro orgánico y no logra afectarte, es decir, que sientes de forma disminuida o alterada.

Comprender esto es vital para tu cambio: esta reducción anatómica en la materia gris no significa que seas un monstruo de maldad pura. Significa que eres un ser humano con una desconexión biológica en tu capacidad de sentir al otro. En la silla de nuestra consulta, esta revelación neurobiológica nos obliga a dejar de moralizar tu dolor, abandonando los inútiles juicios de "buenos y malos" para tratar tus heridas con el rigor de la ciencia de la rehabilitación.

Nota para la pareja o familiar: El límite del afecto

Grábate esto a fuego: la biología explica la herida del otro, pero no te obliga a desangrarte en ella. Que la frialdad de tu pareja provenga de una menor densidad neurológica no reduce la devastación psicológica que te produce su falta de empatía.

Dejar de juzgarle como "un monstruo" te liberará del odio, pero bajo ningún concepto debes utilizar esta revelación científica como excusa para quedarte a tolerar el maltrato. Tu empatía no puede reparar su materia gris; solo la asertividad de tus límites o tu distancia te pueden proteger.

3. El entorno: El activador de la matriz

Tenemos una predisposición genética y tenemos una posible limitación neurobiológica en las áreas de la empatía. Pero la neurociencia nos ha enseñado la regla de oro de la plasticidad cerebral: *La genética establece la predisposición biológica, pero es el entorno el que determina su expresión.*

El cerebro infantil es un material que se reproduce. Las redes neuronales, incluida la materia gris de la ínsula, se desarrollan y se fortalecen con el uso. Si un niño nace con un déficit de empatía, pero es expuesto a un entorno que modela constantemente la compasión, que le enseña a tolerar la frustración y que fomenta la vulnerabilidad, su cerebro puede compensar ese déficit creando nuevas rutas neuronales. El puente se construye a base de esfuerzo y afecto estable.

Pero la influencia del entorno trasciende el mero aprendizaje psicológico para adentrarse hasta el núcleo mismo de nuestras células. Es en este punto donde la ciencia contemporánea aporta una perspectiva fascinante a través de la epigenética. Durante décadas se sostuvo la creencia de que la biología determinaba nuestro comportamiento, pero hoy comprendemos que esta interacción fluye en ambas direcciones. El ambiente y nuestras acciones también poseen la capacidad de transformar nuestra estructura biológica.

Las experiencias traumáticas vividas en la infancia, el abandono o una exigencia extrema sostenida generan un estrés crónico capaz de alterar la expresión de nuestros genes mediante mecanismos bioquímicos como la metilación del ADN. De este modo, una actitud defensiva constante y la adaptación forzosa al entorno modifican la materia misma de nuestro cerebro y moldean su actividad neuronal. Lejos de ser un resultado estático, la biología se adapta al comportamiento.

Quizás el aspecto más sobrecogedor de este proceso sea que estas marcas epigenéticas de supervivencia no desaparecen con el individuo, sino que pueden llegar a heredarse y transmitirse a las siguientes generaciones. Esta evidencia científica respalda de manera empírica aquello que Averroes y Spinoza ya intuían de forma filosófica. El ser humano y su contexto conforman una única sustancia entrelazada, lo que confirma que el trato que nos damos los unos a los otros esculpe, de manera literal, el cuerpo y la mente de nuestra especie.

Pero, ¿qué dinámicas exactas ocurrieron en tu historia de desarrollo para que esa predisposición biológica se consolidara en esta rígida estructura defensiva? Te invito a mirar hacia atrás con valentía. ¿Qué pasó si el entorno en el que creciste cayó en la terrible trampa de la sobreprotección? Quizás fuiste un niño al que se le mencionó una y otra vez: «Tú eres un rey, tú eres perfecto, tú jamás debes sufrir ni frustrarte». O, por el contrario, tal vez te tocó sobrevivir en un desierto de gélida frialdad emocional, un hogar donde descubriste muy pronto que la única manera de arrancar una mirada de amor o aprobación de tus padres era trayendo a casa el éxito, ocultando tus lágrimas y proyectando una imagen sobreestimada de ti mismo.

En cualquiera de los dos escenarios, ese entorno infantil actuó como el activador que te dejó sin expresar tu vulnerabilidad biológica. Si no te permitieron frustrarte, si te resolvían todos los problemas, o si, por el contrario, te obligaron a ser un pequeño adulto perfecto sin margen para cometer un error o pedir ayuda, lo que hicieron fue amputarte el derecho a explorar el mundo real. Tu entorno te impidió ejercitar el delicado músculo de la empatía. Te enseñaron que en el entorno relacional solo existían dos posiciones: el dominio absoluto o la irrelevancia. Y así, aprendiste que la única estrategia viable para tolerar esa angustia era la simulación, el control minucioso de tu imagen y la desconexión emocional. No fue tu culpa aprender a sobrevivir así, pero hoy, como adulto consciente, es tu responsabilidad decidir si quieres seguir viviendo en esa prisión.

Porque el precio que pagaste por esa coraza fue altísimo: al no ser estimuladas por la fricción del mundo real y la empatía compartida, tus áreas cerebrales encargadas de conectar con el otro se atrofiaron. Al mismo tiempo, la sobrevaloración irreal de tu entorno actuó como una inyección de validación que interiorizaste como una creencia. Aprendiste la peor de las lecciones, que la mejor estrategia de supervivencia no era la cooperación pacífica, sino la simulación, la dominancia y la extracción de necesidades emocionales de quienes te rodeaban. En ese preciso instante, el aprendizaje psicológico se materializó. La matriz biopsicosocial se cerró sobre ti, consolidando esa estructura rígida y aislante que hoy llamamos narcisismo.

Comprender esta compleja interacción entre la herencia genética, el funcionamiento cerebral y el impacto del aprendizaje ambiental es el paso definitivo para asentar las bases de un cambio psicológico.

Porque si el narcisismo es un comportamiento que se aprende y se desarrolla a través de la plasticidad de nuestro cerebro en respuesta al entorno, la gran noticia de Terapia Espinosa es que, con el estímulo terapéutico adecuado, la valentía suficiente y la aplicación metódica de nuestros 6 Sentimientos, también puede ser desaprendido. El cerebro puede cambiar. El cristal manchado puede limpiarse. La percepción puede repararse. La reconstrucción es neurobiológicamente posible.

El aprendizaje por competencias o la empatía cognitiva al servicio de la simulación

Si hemos establecido en la sección anterior que presentas un déficit estructural en tu forma de procesar la realidad —una incapacidad mecánica para experimentar la empatía afectiva y sentir compasión de la forma automática en que lo hacen otros—, es natural que quienes te rodean, o incluso tú mismo, os hagáis una pregunta: Si no puedes sentir el amor, la culpa o la empatía desde el corazón, ¿cómo es posible que al principio de una relación parezcas la persona más comprensiva, atenta y maravillosa del mundo? ¿Cómo logras ascender en tu carrera, liderar equipos o ser tan carismático y querido en tus círculos sociales?

La respuesta a esta aparente contradicción se llama aprendizaje por competencias.

Para entender este concepto, debemos recordar que el ser humano es una máquina biológica diseñada para sobrevivir. Tú no te detienes simplemente porque tu procesador emocional esté bloqueado. Si una persona nace ciega, su cerebro compensa esa falta de visión agudizando el oído y el tacto, para poder moverse por el mundo sin chocar contra las paredes. De manera análoga, al haber desarrollado esta estructura defensiva donde tu sentido común es incapaz de procesar los vínculos de forma afectiva, tu mente recurrió a la herramienta que le quedaba para sobrevivir en un ecosistema humano: tu intelecto.

Compensas esta ceguera emocional desarrollando una inteligencia analítica y estratégica bien grande. No aprendiste a sentir las emociones sociales de forma natural, sino que aprendiste a simular las competencias asociadas a ellas. Estudias el comportamiento humano no como quien participa instintivamente de el, sino como un antropólogo brillante que observa a una tribu alienígena, tomando notas mentales sobre qué estímulos provocan qué reacciones en los demás.

Careces de empatía afectiva (no sientes el dolor del otro), pero posees una empatía cognitiva extraordinariamente afilada. La empatía cognitiva es la capacidad intelectual de leer la mente del otro, de identificar sus deseos, descifrar sus miedos y anticipar sus reacciones. En un cerebro sano, la empatía cognitiva y la afectiva trabajan juntas: entiendo que sufres (cognitiva) y, por lo tanto, siento compasión y te abrazo (afectiva).

En tu caso, sin embargo, la empatía cognitiva se ha disociado de la resonancia afectiva y opera conectada directamente a tu estrategia de supervivencia. Utilizas esta altísima capacidad para escanear a quienes te rodean con la precisión de un radar. Cuando conoces a alguien, tus sentidos recogen toda su información: cómo viste, qué le hace reír, qué heridas de su infancia te confiesa, qué vacíos necesita llenar.

Tu procesador interno no utiliza esa información para crear una intimidad auténtica con esa persona. Utiliza esa información de forma estratégica. Descubres cómo debes actuar y qué palabras precisas usar para obtener la respuesta que necesitas de ella: su admiración, su sumisión, sus recursos o su amor incondicional.

Gracias a este aprendizaje por competencias, has desarrollado una gran habilidad para simular actitudes que no sientes orgánicamente. Has aprendido por ensayo y error, a lo largo de tu vida, que si sonríes de cierta manera, la gente confía en ti; que si dices ciertas palabras de consuelo (aunque por dentro sientas aburrimiento o desconexión), la otra persona será agradable.

Esto explica lo que popularmente se conoce como la fase de *love bombing* (bombardeo de amor). Cuando envuelves a alguien en una atención desmedida al principio de la relación, generándole la ilusión de una compatibilidad perfecta y predestinada, en realidad no estás experimentando la alegría expansiva del afecto estable. Estás ejecutando una competencia técnica aprendida. Estás actuando como el espejo perfecto de los deseos del otro. Si esa persona valora la intelectualidad, te mostrarás como un ávido lector y filósofo; si valora la familia, simularás ser la figura más protectora del mundo.

Falsificas la intimidad entregando "vulnerabilidades prefabricadas" —pequeñas confesiones inofensivas o historias de victimismo— calculadas milimétricamente para despertar el instinto de cuidado del otro y sellar su lealtad.

Has aprendido a adaptarte y simular competencias sociales. Y lo haces con tanta destreza que, a menudo, resulta difícil detectarlo en las primeras sesiones de terapia.

Este aprendizaje estratégico no se limita a tus relaciones de pareja; es la base de tu supervivencia social y profesional. Tu estructura interna exige un flujo constante de validación externa para no colapsar. En este mundo moderno, has aprendido a traducir esa necesidad en estatus, dinero, poder, influencia en redes sociales o posiciones de liderazgo.

Si eres inteligente, aplicas tus competencias cognitivas para ascender en cualquier jerarquía. Sabes exactamente cuándo debes mostrarte encantador y carismático con tus superiores (obteniendo así la aprobación que te sostiene) y cuándo debes ser manipulador o competitivo con tus rivales (obteniendo una sensación de control a través de la dominación). Entiendes las reglas no escritas del juego social mejor que nadie, precisamente porque no estás limitado por una moralidad convencional ni por el peso de la culpa. Al no sentir remordimientos reales al sobrepasar a un compañero de trabajo o al dejar atrás a un amigo, posees una ventaja táctica sobre las personas que sí están frenadas por su conciencia y sus afectos.

Simulas poseer sabiduría y liderazgo natural, pero tu objetivo real no es el bienestar del grupo; tu meta es consolidar tu posición en la cima. En última instancia, buscas asegurar que tu entorno siga operando como un apoyo para tu imagen o como un "salón de espejos" donde solo se refleje tu importancia y tu éxito.

Sin embargo, este enfoque terapéutico nos obliga a mirar más allá del éxito superficial de esta estrategia y a aplicar la física de las emociones. Por muy brillante que seas simulando la conexión empática, por muy alto que hayas escalado en la sociedad gracias a tu aprendizaje, la realidad biológica y psicológica es que tu simulación requiere una cantidad de energía mental que te agota.

Quienes viven en una estructura mental sana no tienen que pensar para querer. No tienen que calcular para sentir compasión; la sienten. Para ti, en cambio, cada interacción humana supone un ejercicio continuo de cálculo y vigilancia de alta tensión. Tienes que monitorizar constantemente tus propias expresiones faciales, calcular tus respuestas y vigilar que tu máscara no resbale.

Esta es la razón por la cual es muy común que tu actitud defensiva termine cediendo en la intimidad a puerta cerrada. Cuando llegas a casa después de haber sido el profesional carismático o el amigo encantador durante todo el día, tu mente está exhausta. Ya no te quedan fuerzas para seguir procesando el algoritmo de la empatía simulada. Y es entonces, en la seguridad del hogar, donde tu pareja o tu familia se encuentran de bruces con la frialdad, el vacío, la irritabilidad y tu estructura defensiva.

Tu brillantez estratégica tiene un coste muy alto. Has invertido todo tu esfuerzo en construir una obra de teatro perfecta para gestionar y deslumbrar al mundo, pero al hacerlo, te has desconectado de la experiencia vital compartida.

Tus victorias sociales, tus conquistas amorosas y tu estatus acaban percibiéndose como triunfos vacíos, porque en el fondo no logras experimentarlos con autenticidad. Sigues siendo esclavo de la tristeza pasional. Sobrevives socialmente, sí, y a menudo con gran éxito, pero pagas el precio más alto que un ser humano puede pagar: la incapacidad para aceptar quién eres, a los otros como son y a las cosas como son.

Conocer esta mecánica fría y calculadora es el primer paso para desactivarla. Cuando comprendes que tu aparente destreza social es una simulación aprendida que te agota neurobiológicamente, tu propio autoengaño se rompe y la verdadera terapia puede comenzar.

El refuerzo cultural: La sociedad como invernadero de la máscara narcisista

Hemos visto cómo una crianza basada en la sobreprotección, el secuestro de tus necesidades o la exigencia de perfección pudo atrofiar tu procesador empático cuando eras niño. Sin embargo, para que entiendas esta estructura de forma rigurosa y completa, debemos dar un paso hacia atrás y ampliar nuestra mirada. Porque tu familia no operó en el vacío; estaba inmersa en un ecosistema mucho mayor.

Este ecosistema es nuestra cultura. Y la dolorosa realidad es que la cultura occidental contemporánea —individualista, hipercompetitiva y orientada hacia el éxito superficial— actuó como un gigantesco y sofisticado invernadero que hizo florecer tu estructura defensiva (como ya mostré en el capítulo 1).

Para entender este fenómeno debemos volver a la premisa fundacional de Averroes: "La percepción es el sujeto". Tu "yo" se fabricó a partir de los estímulos que tu mente integró del exterior. Cuando saliste al mundo, con tu vulnerabilidad biológica y tus heridas infantiles, ¿qué fue exactamente lo que percibiste a través de tu filtro empañado? ¿Qué mensajes te enviaba la sociedad a través de la publicidad, el sistema educativo, el mercado laboral y las redes sociales?

El mensaje cultural que recibiste fue constante: "Estás solo. Tu valor como ser humano equivale a tu éxito visible, a tu estatus, a tu belleza física y a tu capacidad para acumular poder. Mostrar vulnerabilidad es de perdedores. Depender de los demás es debilidad. Debes ser tu propia marca, debes ser el mejor, debes aplastar a la competencia antes de que te aplasten a ti".

En su estado natural y sano, el ser humano es un mamífero tribal. Nuestra biología está diseñada para la cooperación, la co-regulación y el apoyo mutuo. Los tres sentimientos sociales que nos conectan con los demás (la intimidad auténtica, la constancia emocional y la sabiduría integradora) son, de hecho, nuestro mecanismo de supervivencia más sofisticado. Sin embargo, la cultura moderna altera sistemáticamente este puente en tu mente.

Hemos pasado de una cultura basada en la comunidad a una cultura basada en la hiperindividualidad. En este paradigma, tu deseo natural —que debería ser una curiosidad sana por el mundo y por el otro— se corrompió y se transformó en una necesidad de reconocimiento. Fuiste educado bajo el mandato de la excepcionalidad. Te enseñaron que ya no bastaba con ser un ser humano ordinario, digno y ético; tenías que ser "excepcional", tenías que "dejar huella", tenías que "destacar" por encima de la masa.

Para tu mente en pleno desarrollo, este mandato cultural actuó como el refuerzo psicosocial definitivo para consolidar tu sistema de creencias defensivo. La sociedad te confirmó, a nivel macro, la misma mentira que absorbiste a nivel micro en tu familia: que eres, o debes ser, el centro del universo. En lugar de corregir esa sobreestimación confrontándote con la realidad de nuestra interdependencia, la cultura la legitimó y la aplaudió, dejándote atrapado en la ilusión de tu propia independencia.

Si avanzamos hacia la era digital, el refuerzo de tu estructura defensiva se vuelve aún más explícito. Vivimos en lo que podríamos llamar la "cultura del simulacro" o la economía de la atención. Las redes sociales son, literalmente, la industrialización de ese "espejo" que describíamos en el Capítulo 4.

Imagina tu propia situación en este escenario: careces de experiencias de intimidad que te hagan sentir con seguridad qué sienten otros, te cuesta aceptar a los demás sin sentirte amenazado y, en cambio, necesitas desesperadamente la mirada externa para sentir que existes. Hace unas décadas, te habrías visto obligado a buscar validadores constantes en tu círculo íntimo, controlando tu entorno más cercano. En la actualidad, la tecnología te ha entregado un escenario global con millones de espejos de bolsillo a tu entera disposición.

A través de filtros, poses estudiadas y narrativas adulteradas, puedes proyectar al ciberespacio la imagen exacta de tu creencia interna. Y lo más trágico es que el sistema te recompensa inmediatamente. Cada interacción digital actúa como un potente refuerzo neurológico, un estímulo constante que valida tu actitud de grandiosidad (o tu victimismo crónico, si subes publicaciones buscando desesperadamente compasión por tus infortunios).

Tu percepción se satura de irrealidad. Te fusionas por completo con tu avatar digital. La intimidad real —aquella que requiere oler, tocar, llorar y ver los defectos físicos y emocionales del otro— es sustituida por conexiones asépticas, controlables y superficiales donde jamás corres el riesgo de ser descubierto en tu vulnerabilidad.

Pero aquí es donde la dinámica se cierra sobre ti. Crees que este dominio digital aumenta tu poder, cuando en realidad está desangrando tu capacidad de sobrevivir en el mundo social. Estás invirtiendo una cantidad astronómica de energía y carga cognitiva en sostener una ilusión. La pantalla te protege de la fricción dolorosa del mundo real (la afección), es cierto, pero al hacerlo te amputa cualquier posibilidad de experimentar la alegría de los vínculos humanos. Terminas atrapado en una dinámica de aislamiento donde eres reconocido por miles, pero afectivamente inaccesible. Y en la biología de los afectos, la falta de contacto genuino acaba por atrofiar la capacidad de intimidad. Esa soledad asfixiante que sientes al apagar la pantalla por la noche, cuando el sonido de las notificaciones desaparece y te quedas a solas con tu procesador, es el precio de haber cambiado la seguridad por la tiranía de "ser admirado".

La recompensa del mercado

Pero este refuerzo cultural no termina en las pantallas de tu teléfono; se extiende hacia las estructuras de poder económico y laboral. Diversos estudios en psicología organizacional han demostrado una realidad que a ti mismo te resultará muy familiar: las personas con tu misma estructura defensiva están sobrerrepresentadas en los altos cargos directivos, empresariales y políticos.

¿Por qué te ocurre esto? Porque nuestro sistema hipercompetitivo recompensa exactamente ese "aprendizaje por competencias" del que hablábamos hace un momento. Cuando una cultura valora los resultados por encima del bienestar humano, carecer de empatía afectiva te otorga una gran ventaja evolutiva en el entorno corporativo y social. Tú no pierdes el sueño si tienes que tomar decisiones drásticas que afectan a cientos de familias para aumentar los beneficios. No te paralizas por la culpa si tienes que adelantar a un socio. Utilizas tu brillante empatía cognitiva para leer y manipular a los inversores. Además, proyectas una seguridad arrolladora (esa sobreestimación que ya conocemos) que el mundo interpreta erróneamente como carisma y capacidad de liderazgo.

La sociedad occidental te mira —vistiendo trajes a medida, conduciendo coches de lujo y ocupando puestos de poder— y te corona como el modelo del éxito. En la práctica, la cultura está reforzando y premiando positivamente tu comportamiento alterado. Y este es el mayor obstáculo para cambiar. ¿Cómo voy a convencerte yo, aquí en la consulta, de que tu forma de percibir está alterada, de que te sientes vacío y de que tu estrategia te agota, si el mundo exterior te aplaude y te recompensa por comportarte de esa manera?

La respuesta a esa pregunta está en tu nivel de agotamiento. El mundo premia a tu avatar corporativo, pero no te premia a ti. Ese éxito hipercompetitivo es el mayor ladrón de tu deseo natural por sobrevivir. La tragedia de este éxito superficial es que, al alcanzar la máxima validación social, descubres que el aislamiento emocional es insostenible. El dinero y el estatus no compran la capacidad, solo te permiten comprar atención personal cada vez más cara y exigente. Mientras el mundo celebra tu fortaleza, tú regresas a casa cada noche arrastrando el terror paranoico a perderlo todo. Sabes en secreto que, si un día fallas, si tu máscara de invulnerabilidad se resquebraja, esa misma sociedad que hoy te idolatra te desechará. Ese éxito que presumes no es una victoria; es la condena a un trabajo de sobreesfuerzo perpetuo donde no te das permiso para descansar.

Y es que la sociedad occidental te vende una definición de alegría profundamente adulterada. Te dicta que la satisfacción consiste en acumular, dominar, ser envidiado y triunfar en una competencia incesante.

Pero la lógica nos demuestra que esta cultura es, en realidad, una fábrica de tristeza y frustración. El éxito superficial basado en la competitividad y la imagen no aumenta tu capacidad real, porque te aísla de las personas que te rodean. Si te has adaptado perfectamente a esta cultura, creyendo tenerlo todo según los estándares del éxito económico o las redes sociales; en realidad, te has convertido en un prisionero cautivo.

Te vuelves un esclavo. Tu estatus depende del mercado, tus competidores, tu imagen y tu público; no te pertenece. Tu estabilidad emocional está condicionada a la validación de un entorno anónimo. Vives en un estado de paranoia y ansiedad, aterrorizado por la posibilidad de perder esa máscara que la sociedad tanto te ha aplaudido.

Este refuerzo cultural es la trampa final de tu ecosistema. El mundo te impone un intercambio destructivo y, a cambio de renunciar a la intimidad auténtica, la sociedad te entrega un estatus frágil y solitario.

Al comprender esta dimensión global, dejamos de culparte como a un individuo aislado y nos damos cuenta de la verdadera magnitud de la rebelión que propone este enfoque terapéutico.

Cambiar tu estructura narcisista en el siglo XXI no es solo un acto de desarrollo personal; es un acto de rebeldía contracultural. Es atreverte a soltar ese premio envenenado que te ofrece la sociedad para buscar la grandeza donde siempre ha estado: en la intimidad compartida, en la aceptación de tu ordinaria imperfección y en el silencio sereno de quien, por fin, ya no necesita demostrarle nada a nadie.

Pasando al cambio psicológico que buscamos

Hasta aquí hemos hablado de neurobiología, de filósofos milenarios y de estructuras mentales. Hemos desmontado la maquinaria de tu percepción pieza por pieza para entender de dónde vienes y por qué sientes ese vacío.

Sé que asimilar todo esto no es fácil. Mirar las propias defensas a través del microscopio de la ciencia resulta incómodo y, a menudo, doloroso. Pero era un paso obligatorio.

Sin embargo, comprender el origen neurobiológico y filosófico de tu bloqueo perceptivo no genera automáticamente nuevas habilidades conductuales. La teoría, por brillante o exacta que sea, no detiene una discusión a gritos con tu pareja a las dos de la mañana, no apaga la ansiedad competitiva en tu oficina, ni te devuelve la paz cuando te quedas a solas en silencio. Saber cómo funciona tu mente solo te curará si te atreves a llevar ese conocimiento a la fricción de tu día a día.

Por eso, a partir de esta línea, cerramos los libros de teoría y abrimos de par en par la puerta de la consulta. Se acabaron las explicaciones; entramos de lleno en tu vida real.

Ha llegado el momento de pasar a la práctica y empezar el verdadero trabajo terapéutico. Vamos a tomar todo lo que hemos aprendido sobre los seis sentimientos y lo vamos a aplicar a tu rutina. Voy a acompañarte, a transitar las diez etapas de tu proceso de cambio. Veremos en la práctica cómo se deja caer la actitud defensiva sin desestructurarse, cómo se tolera la alta activación somática de la vulnerabilidad y cómo, a base de esfuerzo humano y confrontación compasiva, puedes construir relaciones que te permitan experimentar la alegría serena de, simplemente, existir.

El diagnóstico ya está hecho. El origen de tu herida ha perdido su misterio. Ahora nos toca curarla.

Pasa a la siguiente página. Empezamos la primera sesión.

PARTE III: EL MAPA DE RUTA HACIA LA AUTENTICIDAD

(Acción, Terapia y Entorno)

Ha llegado el momento de dejar atrás la teoría y abrir de par en par las puertas de la consulta. En esta sección, seremos testigos de cómo cambian las personas en tiempo real, y forjaremos las herramientas de supervivencia indispensables para proteger y devolver la paz a quienes conviven con esta dura realidad.

Hemos construido los cimientos de nuestra comprensión, explorando las profundidades del narcisismo a través de la filosofía de Averroes y Spinoza. Ahora, es el momento de aplicar esta ciencia milenaria a la realidad terapéutica, táctica y relacional. En esta tercera y última parte de nuestro viaje, dejaremos atrás los debates teóricos para adentrarnos en el corazón de la transformación.

A través de historias que pueden ser reales (pero son imaginadas por mí y basadas en mi práctica como psicoterapeuta en casos de narcisismo), observaremos cómo *Terapia Espinosa* guía a las personas para cambiar comportamiento y reconstruir el tejido social de sus vidas. Analizaremos las diez etapas del cambio coherente, desde la ceguera del ego hasta la verdadera autenticidad, desvelando el papel crucial del terapeuta al enfrentar la resistencia y el juego competitivo.

Además, no nos olvidaremos de quienes conviven con la complejidad del narcisismo. Proporcionaremos un arsenal de herramientas prácticas y estratégicas para proteger la identidad, establecer límites inquebrantables y sobrevivir a dinámicas como el *love bombing*. Descubriremos que, aunque el abuso a menudo nace de un fallo perceptual, jamás justifica el daño. Prepárate para trazar tu propio mapa de ruta hacia la libertad emocional y la conexión genuina.

Capítulo 7: El cambio en la silla: Historias de transformación a través de los 6 sentimientos

Introducción: De la teoría filosófica a la carne y el hueso

Todo el andamiaje teórico que hemos trabajado hasta ahora nos da un suelo firme y científico sobre el que pisar. Sin embargo, debemos recordar que los mapas, por muy precisos que sean, no son el territorio.

La filosofía y la ciencia de la mente son majestuosas en el papel, pero la prueba de realidad no ocurre en los libros de texto ni en los debates académicos; ocurre en el espacio de la consulta psicológica. Ha llegado el momento de dejar atrás los conceptos y pasar al comportamiento.

Quiero llevarte conmigo al interior del consultorio. Quiero que te sientes frente a ese sillón donde el tiempo parece detenerse y donde el ser humano se enfrenta a los temores del encuentro sin filtros consigo mismo.

Cuando la cultura popular nos habla de "cambio psicológico", a menudo nos vende la imagen de una epifanía, un llanto liberador de cinco minutos seguido de una iluminación instantánea, todo ello acompañado de música de fondo. Pero la realidad que muestra la experiencia del psicólogo en consulta es más compleja, mucho más desordenada y, precisamente por el esfuerzo que requiere, más hermosa.

¿Cómo se ve, cómo se escucha y cómo se siente realmente el cambio? El cambio real no se anuncia con grandes discursos ni con promesas de "a partir de hoy seré una persona nueva". El cambio se escucha en el temblor de una voz que, por primera vez en cuarenta años, deja de culpar a su pareja, traga saliva con dificultad y conjuga el verbo "equivocarse" en primera persona del singular.

El cambio se ve en la fisiología del paciente: en la tensión de los hombros que, tras meses de estar a la defensiva, caen rendidos por el agotamiento de sostener un personaje; en la mirada que deja de escudriñar la habitación buscando amenazas o admiración, y que se atreve, aunque sea por unos segundos, a sostener la mirada del terapeuta desde la vulnerabilidad. El cambio se manifiesta a través de la resistencia y el miedo, porque para una mente que ha sobrevivido gracias a la sobreestimación y al control, renunciar a la máscara de la grandiosidad o soltar el escudo del victimismo es experimentar la sensación de un riesgo inminente.

Sentir el cambio en la silla es presenciar una reestructuración psicológica en tiempo real. Es ver tu capacidad de ser quien eres, forcejear para dejar de alimentarte de la validación y empezar a buscar la aceptación.

A lo largo de este capítulo, te mostraré historias basadas en problemas reales (son casos imaginarios, basados en la experiencia de ayuda, y protegiendo, por supuesto, la identidad y la confidencialidad de cualquier persona real). Veremos cómo los 6 sentimientos de nuestra brújula terapéutica no son solo escalones filosóficos, sino herramientas de supervivencia.

Observaremos juntos cómo se repara tu experiencia cuando dejas de mentirte a ti mismo para dar paso a una humildad compasiva; y cómo tu deseo se transforma, pasando de ser hambre depredadora de admiración a curiosidad. Y, finalmente, seremos testigos del cambio social que ocurre frente a nosotros en la consulta: el difícil nacimiento de tu conocimiento familiar a través de la vergüenza, la dura lucha por alcanzar la estabilidad afectiva mediante la co-regulación conmigo, y el anhelo final de asomarte al conocimiento experto, a la alegría tranquila de no necesitar demostrar quién eres.

Entremos en la consulta. La puerta está abierta. Una vez que cruzas la puerta, toleras la incomodidad inicial y te sientas en la silla, debes saber que tu estructura defensiva no se desactiva mediante una confrontación directa y frontal. Tu ego es demasiado resistente para rendirse ante un ataque frontal mío. Para que logremos un cambio auténtico y duradero, mi labor es acompañarte a analizar tus estructuras de procesamiento primarias. En *Terapia Espinosa*, nuestra primera gran fase de sanación consistirá en reestructurar tu "Mundo Interior", es decir, los tres componentes primarios de nuestra brújula terapéutica: tu Experiencia, tu Creencia y tu Deseo.

Y este proceso comienza por la base biológica: La Experiencia

Para entender este primer escalón, debemos entender que la experiencia no es la narrativa intelectual que nos contamos a nosotros mismos sobre lo que nos pasa; la experiencia es la percepción del estímulo externo. Es lo que el cuerpo registra: la temperatura, la presión, la tensión muscular que ocurre fracciones de segundo antes de que la mente forme una sensación reconocible. En la persona con rasgos narcisistas, este nivel sensorial suele estar desconectado por el trauma o la falta de afecto. Para entender cómo se sana este cristal somático agrietado en la práctica terapéutica, quiero presentarte el caso de Laura.

La Experiencia: El caso de Laura y la rabia del anonimato

Laura, de 35 años, llegó a mi consulta derivada por su médico de cabecera debido a severos problemas de ansiedad, insomnio y un estrés laboral que amenazaba con destruir su salud. Era una mujer brillante, directora de cuentas en una agencia de publicidad, impecablemente vestida y con un discurso articulado, rápido y, en fin, preciso. Durante nuestras tres primeras sesiones, Laura utilizó sus recursos cognitivos para explicar que el problema no lo tenía ella, sino la exasperante mediocridad del mundo que la rodeaba.

El motivo central de su sufrimiento era una rabia que estallaba en la oficina cada vez que sentía que no se le reconocía el mérito. Si en una reunión un compañero exponía una idea que ella había sugerido vagamente la semana anterior y el jefe lo felicitaba, Laura sentía como si le estuvieran arrancando el oxígeno de los pulmones. Su reacción habitual era el castigo del silencio, las miradas de desprecio calculadas y correos electrónicos pasivo-agresivos enviados a altas horas de la madrugada, todos ellos diseñados para demostrar al equipo su capacidad para el puesto y la incompetencia de sus colegas.

Laura estaba ahogada en tristezas. Su deseo por vivir y progresar estaba completamente secuestrado por una sobreestimación que le exigía, como mecanismo de supervivencia, ser el centro de validación en cualquier entorno. Cuando la realidad le negaba el foco de atención, su procesador perceptual traducía esa falta de aplauso no como un hecho natural de la convivencia laboral, sino como un intento de humillación.

Si yo, como terapeuta, hubiera intentado debatir con Laura desde la lógica cognitiva, explicándole que sus compañeros no eran sus enemigos y dándole sermones morales sobre que debía "ser más humilde y empática", habría fracasado estrepitosamente. Su hipertrofiada empatía cognitiva me habría rebatido al instante con cien argumentos racionales que justificarían su ira. Para sortear su actitud defensiva de grandiosidad, teníamos que trascender sus distorsiones cognitivas y enfocarnos en el lenguaje de su sistema nervioso. Teníamos que volver a la experiencia.

En nuestra cuarta sesión, mientras ella me relataba visiblemente indignada cómo su jefe la había "ignorado" deliberadamente en un correo grupal de felicitación, la interrumpí de forma suave pero firme y le hice una pregunta:

—Laura, deja de pensar en tu jefe y en la agencia por un instante. ¿Dónde sientes esa rabia? ¿Por qué crees que sentiste rabia?

Al principio, se resistió. Bufó y cruzó los brazos, pues le parecía una pregunta inútil, incómoda y seguro que casi esotérica. Tras unos minutos de sostenido silencio, la ejecutiva cambió su respiración, hasta entonces acelerada, y se volvió entrecortada.

—Aquí —dijo con un hilo de voz, llevándose una mano a la garganta y la otra al pecho—. Es un nudo de hierro que me ahoga. Es una presión terrible que me quema desde dentro. Siento que... Desaparezco.

Ahí estaba la verdad sentida. Esa presión era la verdadera experiencia. La grandiosa narrativa de la "empleada superior rodeada de mediocres envidiosos" era solo la elaborada mentira que su mente había inventado para no tener que enfrentarse nunca a ese dolor paralizante.

Una vez localizada la sensación somática, le pedí que no huyera de ella, que no la intelectualizara. Le pedí que la habitara. Y desde esa vulnerabilidad corporal, comenzamos a tirar del hilo hacia el pasado. Le pregunté cuándo había sido la primera vez en su vida que había sentido ese mismo nudo de asfixia.

Había lágrimas en los ojos de Laura, ella misma se sorprendió. Esto me pareció un momento en el que se rompe la sensación de control absoluto que creía tener. La ejecutiva desapareció de la silla y dejó paso a una mujer algo asustada. A través del llanto, Laura me habló de su infancia. Creció en un hogar donde sus padres, profesionales de éxito pero emocionalmente gélidos, solían estar ausentes, inmersos en sus mundos de estatus y apariencias. En esa casa enorme y perfecta, Laura era invisible. Literalmente, nadie la miraba a los ojos.

Solo había una forma de conseguir que sus padres dejaran sus teléfonos o sus reuniones, giraran la cabeza y le prestaran unos minutos de atención condicional: trayendo a casa un boletín de notas perfecto con sobresalientes, ganando un torneo de piano o recibiendo un premio. Si Laura era la indiscutible número uno, existía y era celebrada; si cometía un error o era simplemente una niña normal con necesidades normales, desaparecía de nuevo en el anonimato, sintiendo en soledad ese mismo nudo en el pecho. La herida narcisista en su caso no fue causada por el exceso de algodón, sino por la exigencia y la negligencia, su identidad y su derecho a existir negociados según su rendimiento.

La ira que Laura sentía hoy en su moderna oficina de publicidad por no ser reconocida no tenía nada que ver con sus compañeros de trabajo ni con el ego de su jefe. Su rabia era, en realidad, el grito primitivo de una niña traumatizada por la invisibilidad, exigiendo a las figuras de autoridad que, por favor, la miraran y la aplaudieran para poder sentir.

Cambiar la experiencia consiste en este proceso de localización somática y disociación consciente. Durante las siguientes sesiones, Laura sentía curiosidad por aprender a rastrear esa sensación en su cuerpo. Cada vez que alguien recibía un halago inmerecido y ella sentía cómo el nudo le trepaba por la garganta, tenía una reacción somática, y después la reconocía, y pocas veces cayó en la trampa de atacar al compañero o escribir un correo para demostrar su valía.

Un día describió un comportamiento muy valiente: se detuvo en medio de la oficina, y pensó para sí: "*Este dolor es antiguo. Esta asfixia no pertenece a mi presente. Mis compañeros no son mis padres, mi jefe no define mi existencia, y yo, hoy, ya no soy aquella niña invisible que necesita un trofeo para que la quieran*".

Créeme si te digo que no creo mucho en este tipo de autoafirmaciones, pero parece que al conectar de nuevo con su experiencia corporal y comprender compasivamente su origen, la necesidad de atención externa fue menos deseable para ella desde ese momento. Laura comprendió en su propia carne que exigir aplausos constantes la mantenía atada de por vida a una tristeza y a un miedo infantiles. Poco a poco, a medida que dejó de permitir que su forma de percibir tradujera el anonimato ocasional como una amenaza, la rabia no aparecía.

Por primera vez en muchos años, Laura pudo sentarse en una junta de trabajo tranquila, escuchar cómo elogiaban la campaña de un colega, sentir una leve y nostálgica punzada en el pecho, pero ser capaz de sonreír y dejarla ir sin actuar desde el veneno. Ya no necesitaba la validación constante de la mirada ajena para saber que existía. Al sanar el primer y más humilde escalón de su mundo interior, Laura había recuperado su propio cuerpo; sabía desempañar el primer cristal de su percepción. Y sólo desde esa recién conquistada calma somática, estaba lista para ascender al siguiente nivel y reconstruir la identidad que le había sido robada: la Creencia.

La Creencia: El caso de Marcos y la dolorosa deconstrucción de la superioridad

Si la experiencia es el registro somático crudo de la realidad (el nudo en la garganta, la presión en el pecho), la creencia es el relato mental, la narrativa arquitectónica que el individuo construye sobre esa experiencia para darle un sentido a su vida. En una mente sana, la creencia es flexible y se ajusta a la evidencia del mundo exterior. En la mente de una persona atrapada en la personalidad narcisista, la creencia está fundamentada en la sobreestimación de sí misma. Y desmontar esa construcción es uno de los procesos más dolorosos que pueden vivirse en un consultorio.

Para entender cómo se desmantela la creencia en tiempo real, te presento el caso de Marcos.

Marcos, de 42 años, era un ingeniero de software y líder de un proyecto en una multinacional tecnológica. Llegó a mi consulta no por voluntad propia para "crecer emocionalmente", sino empujado por la violencia que sentía de casi cualquier trabajador a su cargo. Su equipo estaba al borde del motín, exhausto por su microgestión minuciosa, su arrogancia y su costumbre de humillar públicamente. La empresa le dio dos opciones: o mejoras tus "habilidades blandas", o te apartamos de la dirección del proyecto.

Cuando Marcos se sentó por primera vez en la silla, su lenguaje corporal era un desafío. Cruzó las piernas, se reclinó hacia atrás, me miró con mezcla de escepticismo y condescendencia. Su creencia, el núcleo de su identidad, se resumía en una frase que repitió varias veces durante aquella primera hora: *"Yo soy el mejor de mi equipo. Soy el único que sabe cómo hacer las cosas. Sin mí, el proyecto se hunde mañana mismo. Mi único problema es que estoy rodeado de mediocres que me envidian y no soportan mi nivel de exigencia"*.

Desde la perspectiva de nuestra terapia, la situación de Marcos era un manual abierto. Su forma de percibir empática estaba averiada, o debía estarlo, porque no se apreciaba ni mínimamente. Si un subordinado proponía una solución técnica diferente a la suya, Marcos no percibía una oportunidad de mejora o una colaboración; lo traducía inmediatamente como una afrenta personal, un desafío directo a su estatus. Su *deseo* estaba hipertrofiado en la dirección equivocada: dependía de ser superior al resto.

Las primeras semanas de terapia con Marcos se caracterizaron por una alta resistencia y una confrontación defensiva constante. La deconstrucción de una creencia narcisista no es pacífica, porque para la persona, abandonar esa creencia se siente como una aniquilación psicológica. Al principio, Marcos intentó utilizar la misma estrategia en la consulta que en la oficina: intentó dominarme intelectualmente. Cuestionaba mis métodos, buscaba fallos lógicos en mis intervenciones y exigía que le diera "herramientas rápidas y racionales" para obligar a su equipo a trabajar como él quería.

El punto de inflexión llegó en nuestra sexta sesión, cuando decidí confrontar su creencia no desde el debate técnico, sino desde la física de las emociones. Le demostré que su supuesta "superioridad" era, en realidad, la mayor de sus debilidades.

—Marcos —le dije—, dices que eres el líder más fuerte de tu empresa, pero la realidad es que vives aterrorizado. Tu equipo te tiene miedo, pero tú les tienes mucho más miedo a ellos. Si alguien tiene una idea mejor que la tuya, puede que no te des ni cuenta. Parece que a tu autoestima no le gusta el talento ajeno. ¿No estás cansado?

El silencio siguió a esa intervención. Vi ira encendiendo su rostro. Se revolvió en la silla, ofendido. Experimentó la tristeza de la sobreestimación: la vergüenza de ser expuesto y el miedo a no ser lo que creía ser. Su primera reacción fue levantarse y amenazar con abandonar la terapia, afirmando que yo no entendía "la presión". Pero no se fue. El peso de la verdad, aunque doloroso, suele traer consigo un alivio días después. Otro día se volvió a sentar, se llevó las manos a la cara y dijo que estaba exhausto. Confesó que no dormía, que vivía con una úlcera de estómago y que, en el fondo, sentía mucha soledad.

Entiendo que el trabajo de reconstrucción comenzó ese día. Para sanar su creencia, Marcos tenía que someterse a experimentos de exposición en su entorno natural. Le propuse un ejercicio: en la siguiente reunión de equipo, debía delegar conscientemente la resolución de un problema complejo a un programador junior, guardar silencio absoluto durante la exposición de este y, si la idea era buena, felicitarle públicamente.

A Marcos la simple idea de hacer esto le producía taquicardia. Ceder el control y el mérito era sinónimo de humillación. Pero lo hizo. En la siguiente sesión, relató la experiencia bastante calmado.

—Pensé que si reconocía que su idea era mejor que la mía, perdería el respeto de todos. Pensé que me verían como un líder débil —explicó, con la voz aún cargada de incredulidad—. Pero cuando le dije frente al grupo: "Tu enfoque es bueno, vamos a hacerlo a tu manera".

Ese fue el nacimiento de una creencia sana. Marcos experimentó que colaborar no es humillarse, y reconocer el valor del otro no disminuye tu propio valor. Al atreverse a ser imperfecto y ordinario, Marcos se comportaba con la responsabilidad de un líder realista. Descubrió que soltar el peso de tener que ser "el mejor" no lo destruyó. Su percepción comenzó a aclararse, traduciendo las ideas de los demás no como amenazas de competencia, sino como soluciones también válidas.

Al reescribir su creencia, en este caso sobre sí mismo, pero principalmente sobre cómo funciona su trabajo, Marcos experimentó una mayor seguridad en su entorno laboral y logró mantener su posición de liderazgo desde una funcionalidad renovada.

El Deseo: El caso de Sofía y la transformación de la sed de admiración

Una vez que la persona ha logrado calmar la angustia somática de su experiencia y ha deconstruido la tiranía intelectual de su creencia. Es el momento de intervenir sobre el motor que empuja al ser humano hacia el futuro: El deseo.

El deseo no es un capricho ni una lista de metas a conseguir. El deseo es la esencia misma del ser humano; es la manifestación consciente de nuestra capacidad de estar en el mundo, nuestro impulso por existir y expandirnos. El deseo bueno es sinónimo de curiosidad empática: deseamos conocer el mundo, deseamos crear, deseamos conectar con los demás.

Sin embargo, en la estructura de la personalidad narcisista, este motor fundamental ha sido saboteado. El deseo ha mutado. La persona no desea el mundo; desea ser el centro del mundo. Su *deseo* está secuestrado por una obsesión, la extracción de "admiración". Y como la admiración externa es, por definición, efímera e incontrolable, este deseo alterado genera una insatisfacción constante.

Para ilustrar cómo se repara el deseo en la silla de la consulta, te invito a conocer el caso de Sofía.

Sofía, de 29 años, es la encarnación de lo que nuestra cultura moderna define como "éxito". Era una creadora de contenido e *influencer* con cientos de miles de seguidores en sus redes sociales. Su vida, proyectada a través de la pantalla, exhibía una sucesión ininterrumpida de viajes de lujo, ropa de diseño y una apariencia de éxito constante. Sin embargo, la Sofía que se sentó en mi consulta era una mujer físicamente exhausta, consumida por episodios depresivos y ataques de pánico que la paralizaban cada vez que la pantalla de su teléfono se apagaba.

—Siento que si no estoy publicando, dejo de existir —me confesó en nuestra segunda sesión—. Cuando subo una foto y los *likes* y los comentarios empiezan a llegar, siento un subidón, siento quien soy. Pero esa sensación me dura apenas unas horas. Al final del día, cuando estoy sola en mi apartamento, no puedo dormir. Siento que nada me llena. Nada tiene sentido.

Desde la perspectiva de nuestra terapia, Sofía era la prisionera perfecta de la sociedad del simulacro. El filtro a través del cual se miraba estaba tan distorsionado que había fusionado su identidad real con su avatar digital. Pero el núcleo de su sufrimiento residía en su deseo: Sofía no deseaba compartir su arte, ni disfrutar de sus viajes, ni conocer a las personas con las que se fotografiaba. Su deseo era *ser deseada*. Había convertido a su audiencia en un gigantesco espejo y, al hacerlo, se había convertido en esclava de millones de desconocidos. Al poner su alegría y capacidad de existir en manos de factores externos que no podía controlar, vivía dominada por tristezas: la ansiedad de perder relevancia y la envidia hacia otras creadoras que la superaban en cifras.

El trabajo terapéutico con Sofía requirió una intervención sobre su sistema de recompensas. Si queríamos que dejara de experimentar esa carencia estructural, teníamos que transformar su deseo de "admiración" en un deseo de "conexión". Y para lograrlo, Sofía tenía que experimentar la desregulación propia de la retirada de su principal refuerzo externo.

Le recomendé un "ayuno". Durante un mes, Sofía debía someterse a un estricto detox digital. Pero la tarea más importante no era simplemente apagar el teléfono; el verdadero reto era reeducar su deseo. Le pedí que se inscribiera en una actividad manual en la que fuera una principiante, que acudiera sola, y bajo una regla: no podía contarle a nadie lo que estaba haciendo, no podía documentarlo y, por supuesto, no podía publicar ni una sola fotografía del proceso.

Sofía eligió unas clases de cerámica en un pequeño taller de su barrio. Las primeras semanas fueron una tortura para ella. Acostumbrada a ser el centro de atención, enfrentarse a un trozo de barro deforme, mancharse las manos y ser "la peor de la clase". Quería abandonar. Sentía que dedicar dos horas de su vida a algo para lo que no valía era una pérdida de tiempo intolerable.

Pero la sostuvimos en la incomodidad de la consulta. Hablamos de su frustración, de su miedo a ser "ordinaria" y de cómo esa necesidad de ser aplaudida la estaba maltratando. Poco a poco, al no tener una audiencia a la que rendir cuentas, la mente de Sofía comenzó a rendirse ante la realidad. Alrededor de la cuarta semana, se expresaba así.

—Ayer estuve modelando un cuenco —me relató en la sesión—. Salió torcido. Era feo. Pero, no pensaba en cómo se vería en una foto. Miré a la mujer mayor que estaba a mi lado, que llevaba años yendo al taller, y le pregunté cómo lograba darle esa curva a la arcilla. Me lo explicó... Nos reímos de mi desastre. Y me di cuenta de algo: eso estaba bien. Sin filtros, sin aplausos. Solo... conectada.

Sofía acababa de experimentar el nacimiento de un deseo sano. Había descubierto que la alegría no reside en que el mundo te mire, sino en que tú mires al mundo. Al quitar el imperativo de la admiración externa, su deseo comenzó a buscar esa conexión. Descubrió que ser defectuosa, torpe e imperfecta en una clase de cerámica le permitía intimar con otros seres humanos de una forma que sus millones de seguidores no podrían proporcionarle.

Al transformar su deseo, el vacío existencial de Sofía comenzó a cerrarse. Y con este último paso, el deseo apuntaba por fin hacia la conexión humana.

Sanando el Mundo Social: El salto hacia el otro

Terapia Espinosa nos sitúa ahora ante un límite crítico. Hemos agotado la esfera de tu individualidad. Ahora, debes atreverte a cruzar el puente biológico y psicológico hacia el mundo exterior. Entramos en la esfera de los sentimientos sociales, y el primero de ellos, tu puerta de entrada a la verdadera humanidad, es el conocimiento familiar.

En nuestra brújula terapéutica, el conocimiento familiar no significa simplemente que sepas cuál es el plato favorito de tu pareja o que recuerdes su fecha de cumpleaños. Es tu capacidad de intimar de verdad, de compartir una realidad desnuda, de dejar que el otro te vea con fallos sin traducir esa exposición como amenaza.

Al mantener comportamientos defensivos, este sentimiento ha estado completamente bloqueado en ti. Hasta ahora, no has tenido parejas reales;

has tenido público. No has compartido tu vida; te has limitado a exhibir tu currículum.

Para comprender la magnitud de este bloqueo y cómo se dinamita el muro en la silla de una consulta, acompáñame a conocer la historia de Javier y Ana.

El conocimiento familiar: El caso de Javier y Ana, o el fin del teatro

Javier, de 38 años, y Ana, de 36, acudieron a terapia de pareja al borde del divorcio. A simple vista, eran el matrimonio perfecto, la imagen viva del éxito que nuestra cultura idolatra. Sin embargo, en la primera sesión, Ana lloraba: —Vivo con un extraño —dijo, mirando sus manos—. Javier es encantador, siempre me compra cosas increíbles, es muy bueno en su trabajo... pero me siento la mujer más sola del mundo. No lo conozco. Y siento que a él no le importo yo.

Javier, sentado a su lado, reaccionó con una mezcla de indignación y asombro. Su postura se volvió rígida. Desde su percepción, él era el marido perfecto. Su *creencia* dictaba que el amor consistía en impresionar y deslumbrar. Para él, ser vulnerable era un sinónimo directo de debilidad y fracaso. Su estrategia de supervivencia emocional, aprendida en una infancia donde solo se le valoraba por sus triunfos deportivos y académicos, consistía en estar para ganar.

Javier gestionaba el vínculo desde la sobreestimación. Su deseo intentaba expandirse a través de la ostentación de sus logros. Cada vez que llegaba a casa, no buscaba un hogar donde descansar; buscaba confirmarse. Si Ana estaba cansada o tenía un día desafortunado que no le ofrecía la ovación que su ego necesitaba, Javier se sentía ofendido, se cerraba en banda y la castigaba con frialdad. Estaba atrapado en su orgullo, creyendo que su invulnerabilidad era una muestra de poder, cuando en realidad era el mayor de sus temores.

El trabajo en la consulta fue un reto. Javier tuvo que enfrentarse a la dolorosa realidad de que su intento por impresionar a Ana era, paradójicamente, lo que la estaba alejando. Para que naciera la intimidad, Javier tenía que ejecutar una acción que su sistema de alerta interpretaba como una aniquilación identitaria: tenía que permanecer vulnerable asumiendo su imperfección.

Tras unas semanas de terapia individual combinada con sesiones de pareja. Javier estaba atravesando una crisis importante en su empresa; un proyecto clave que él lideraba estaba a punto de fracasar por un error de cálculo. Su patrón habitual (su algoritmo de supervivencia) habría sido ocultar el problema a Ana, llegar a casa con actitud arrogante, criticar a sus compañeros y, si Ana le preguntaba qué le pasaba, seguramente estallar con ira.

Le propuse un cambio de guion, un experimento de exposición emocional. Le pedí que se sentara frente a su mujer, la mirara a los ojos y, sin usar excusas, sin culpar a nadie y sin adornos, le confesara su error.

En la siguiente sesión, Javier relató el momento, despojado de su habitual altivez. —Llegué a casa —dijo—. Sentía náuseas. Estaba convencido de que si le decía a Ana que había fracasado, que no sabía cómo solucionar el problema de la empresa y que tenía miedo de que me despidieran, ella me perdería el respeto.

Javier se había sentado en el sofá frente a Ana. Había tragado saliva, luchando contra la inercia de toda una vida de sobreestimación, y pronunció las palabras prohibidas: "*Ana, me he equivocado. Las cosas van muy mal en el trabajo y tengo mucho miedo*".

Lo que sucedió fue que después de ese día ya no había marcha atrás, había probado qué se siente al experimentar la intimidad con su mujer. Su cerebro antes esperaba un ataque, temía a la humillación y al abandono. Creía que la realidad confirmaría su creencia de que no sería digno después de ese desastre. Pero Ana no se burló. Ana no le dio la espalda ni le exigió que fuera fuerte. Ana vio, después de siete años de relación, al ser humano real que se escondía detrás del ejecutivo. Se acercó y le dijo: "*No pasa nada. Veremos qué hacemos*".

Este fue el nacimiento del *conocimiento familiar.* Javier experimentó la activación emocional, permitiéndose una vulnerabilidad somática frente a su mujer que su sistema de alerta había bloqueado desde la infancia. Comprendió, a través de la experiencia, que la alegría no consiste en ser aplaudido desde la lejanía de un pedestal, sino en ser sostenido en la cercanía. Descubrió que mostrar su inseguridad no lo había destruido, sino que había construido el primer puente de intimidad en su matrimonio.

Romper el muro de intentar impresionar a la pareja es el acto de mayor valentía en la curación del narcisismo. Significa renunciar al personaje de cartón piedra para poder ser amado por lo que realmente se es: un ser humano vulnerable, imperfecto, pero digno de afecto. Javier y Ana dijeron que ya eran compañeros de vida.

La estabilidad de los afectos: El caso de Carla y el peaje de la vulnerabilidad

Una vez que has logrado cruzar el puente de la intimidad y has experimentado el conocimiento familiar —atreviéndote a mostrar tu verdad frente a otro ser humano—, surge un reto inesperado. Muchos pacientes sienten que, al abandonar la máscara de grandeza, su salud empeora. Esto ocurre porque el narcisismo vulnerable no es solo un subtipo de personalidad, sino una etapa obligatoria en un cambio saludable.

Al caer tu protección, pierdes la seguridad que esta te daba. Te vuelves hipersensible, temes el abandono y experimentas una ansiedad que antes ocultabas hasta para ti mismo. Esta fase es la prueba irrefutable de que el cambio ha comenzado; pasas de la indiferencia artificial a la vulnerabilidad.

Llegados a este punto, necesitas sentirte estable emocionalmente, sin recurrir a esa actitud defensiva que ya no quieres en tu vida. La estabilidad de los afectos es el principio regulador interno que permite que el vínculo se mantenga sólido incluso en la distancia. Es la constancia objetal, la capacidad de saber que el afecto persiste aunque el otro no esté presente o no te preste atención en este preciso momento.

Para entender este proceso, analicemos el caso de Carla, una arquitecta de 32 años. Su historial amoroso era inestable debido a un detonante tecnológico cotidiano: el teléfono móvil. El terror de Carla nacía con el doble check azul de WhatsApp. Si enviaba un mensaje a su pareja y pasaban treinta minutos sin respuesta, su sistema nervioso se desregulaba. Su mente traducía la pausa como un abandono. Para protegerse de esa debilidad, actuaba con ira y enviaba mensajes de alta agresividad para devaluar a su pareja antes de ser, según sentía, abandonada.

Recuerdo una sesión en la que Carla llegó al límite de este sufrimiento. Sentada en la silla, apretando el teléfono entre las manos, mostrando una visible tensión física.

—Es que no lo soporto —me dijo, con respiración entrecortada—. Lo ha leído hace cuarenta minutos. Sé que está conectado. ¿Por qué no me contesta? Me está ignorando. Ya le he escrito diciéndole que si está tan ocupado, mejor dejamos de vernos.

—Carla —la nombré—. ¿Qué sientes ahora mismo en el cuerpo?

—Siento que me ahogo —respondió—. Siento un nudo que me quema. Si no me contesta ya, siento que desaparezco.

Ahí estaba la vulnerabilidad desnuda. Su forma de percibir estaba traduciendo el silencio de su pareja como una amenaza. Para cambiar esto, hicimos un trabajo que consistía en enseñarle a diferenciar el tiempo de la validación inmediata del tiempo del vínculo real.

Le propusimos un protocolo conductual estricto para la próxima vez que la ansiedad apareciera ante la falta de respuesta: se le prohibía escribir de nuevo. Debía apagar el teléfono, guardarlo en un cajón y sentarse a sentir el síndrome de abstinencia de la atención.

—Deseas agradarlo, y deseas también que él te trate igual, que él sienta igual que tú. Esa sería una respuesta de él que aliviaría tu dolor —le expliqué—. Pero sería un alivio momentáneo, porque tu necesidad de agradar va a seguir subiendo si no la paramos, el objetivo de este ejercicio es que reflexiones sobre tu propia experiencia somática al posponer la respuesta. Esta contención conductual resulta difícil al principio porque implica frenar el impulso de regularte a través del otro, pero es indispensable para comprobar que el vínculo no desaparece por una pausa.

Este ejercicio sirve para comprobar si aún existe el impulso de manipular la interacción, y demuestra que la intimidad no se extingue por una simple pausa, y en su caso, para comprobar que la intimidad ganada no se pierde por ese lapso de tiempo sin contestar. Especialmente porque, al finalizar el experimento, ella podría compartir la experiencia con su pareja, restableciendo así la intimidad que temía haber perdido.

Llegada la siguiente sesión, Carla regresó con una expresión distinta. Había aplicado el protocolo.

—Los primeros veinte minutos creí que me moría —confesó, con una media sonrisa—. Mi cuerpo entero me pedía encender el móvil y culparlo para recuperar el control. Pero me quedé sentada. Me frustré. Y luego, alrededor de los dos minutos. Los latidos que sentía bajaron. Y cuando por fin encendí el teléfono horas después, vi que él simplemente me había respondido con normalidad al salir de una reunión.

Carla pudo reflexionar, a través de su propia experiencia, que «nadie moría por un mensaje no respondido». Su percepción se había calibrado. Comprendió que el silencio del otro no era un ataque personal, sino la manifestación de la vida independiente de su pareja.

A partir de ese día, Carla aprendió que un afecto seguro no te aplaude, sino aquel que permanece en el silencio. Este fue el principio de un sentimiento de estabilidad de los afectos, ella dejó de ser una rehén de sus propias reacciones, la necesidad de controlar el tiempo del otro fue disminuyendo.

El conocimiento experto: El caso de Luis y la interdependencia.

Has alcanzado el punto final del desarrollo psicológico: el conocimiento experto. En nuestra psicología, este estado significa lo contrario a la definición tradicional. No consiste en acumular títulos ni en dominar a la competencia. Consiste más bien en la capacidad de reconocer el talento ajeno sin sentir que esa habilidad disminuye tu propio valor, es más, consiste en experimentar muchas y distintas actitudes de curiosidad y deseo hacia el mundo exterior. Para tu estructura previa, este estado resultaba incomprensible porque procesabas las relaciones como una competencia, si alguien destacaba, tú perdías.

Analicemos el caso de Luis, un estudiante de física teórica de veinticinco años. Su capacidad intelectual era altísima, pero su sufrimiento diario también. Luis no tenía compañeros; percibía a los demás estudiantes como amenazas. Si un colega planteaba una hipótesis correcta, Luis experimentaba tics faciales y migrañas. Su percepción traducía el talento ajeno como un intento de anularlo. En consulta explicaba su angustia, afirmando que, aunque intentaba autoconvencerse de que la idea del otro no era superior, en el fondo sabía que sí lo era, lo cual le generaba una profunda disonancia. Para aliviar esa tensión, dedicaba noches enteras a buscar fallos en teorías ajenas con el objetivo de rebatir el argumento al día siguiente.

A pesar de su inteligencia, Luis sentía envidia. Una emoción que está unida a la idea de uno mismo, que consiste en sentir euforia con el mal de otra persona y entristecerse con su felicidad. Así, al no poder alegrarse del progreso ajeno, vivía en aislamiento. Su actitud defensiva le impedía alcanzar el conocimiento social, porque la necesidad de devaluar al otro bloqueaba su capacidad de aprender de él. El trabajo terapéutico inicialmente consistió en demostrar la ineficiencia de su comportamiento.

Mediante esquemas lógicos le explicaba que su necesidad de dominar lo estaba aislando de los mejores investigadores de su generación. Un científico riguroso no busca tener razón, busca la demostración científica mediante trabajo metódico y actitud curiosa. No lo hace por una necesidad personal de poseer esa verdad. Había una contradicción en su sentimiento, pues era muy extraño odiar a alguien que siente curiosidad por las mismas cosas.

Le propuse un ejercicio conductual que llamamos "el ayuno de la crítica".

En un seminario, Luis tenía prohibido buscar errores en la exposición de su principal competidor. Su tarea consistiría en escuchar activamente, tomar notas y, al finalizar, acercarse a este colega para expresarle una validación sobre su trabajo.

Al terminar la clase, Luis se acercó a su compañero y pronunció la frase acordada: «Tu planteamiento ha sido excelente». Su compañero le sonrió y le confesó que un artículo previo de Luis le había servido para desarrollar su idea.

Y este episodio fue el paso inicial. La forma de sentir que llamo "conocimiento experto" es un deseo que tiene cada vez menos de personal, y no se forma de un día para otro o tras una revelación puntual. Consiste en un proceso de maduración que requiere asimilar cientos de experiencias nuevas a lo largo del tiempo. Tras aquel hito social para Luis, las sesiones continuaron durante casi tres años más. Superada la urgencia de su angustia inicial, nuestras sesiones se espaciaron. Nos veíamos una vez al mes, y posteriormente pasamos a programar una consulta cada mes y medio o dos meses. Muchas personas finalizan el proceso en este punto, pero personas como Luis deciden mantener estas visitas espaciadas, simplemente porque les gusta y ayuda, y así Luis podía explorar esta nueva etapa de su desarrollo.

Durante esos años de mantenimiento en consulta, pude observar cómo su percepción maduraba lentamente. En la práctica, lo que ocurre en esta fase es que la persona logra regular sus afectos de forma autónoma y continua. Ya con una alta estabilidad emocional, Luis dejó de gastar energía en defenderse del entorno. Esa regulación sostenida dio paso a un fenómeno natural, la curiosidad. Ya no solo ajustaba de forma intelectual las creencias sobre sí mismo y sobre el funcionamiento del mundo, sino que comenzó a integrar todos los deseos y sentimientos que participaban en sus vínculos.

Al abrirse a los demás sin sospechas, descubrió la alegría que produce la curiosidad desinteresada por todas las cosas. Descubrió que, al soltar la necesidad, o más bien protección de superioridad intelectual, su capacidad de desarrollo se integraba con la habilidad ajena. Comprendió que validar la excelencia del otro no te vuelve inferior, sino que te hace partícipe del avance común. Luis dejó de ser un individuo aislado para nutrirse del esfuerzo colectivo.

Al avanzar en esta última etapa a lo largo de los años, se relacionaba sin defensas, aceptaba su vulnerabilidad y afrontaba sus problemas, mientras él se sentía calmado y contento en las últimas sesiones que tuvimos.

Capítulo 8: Las etapas de la persona: Del narcisismo hacia el cambio coherente

A lo largo del capítulo anterior, hemos sido testigos de lágrimas y epifanías que ocurren en el interior de la consulta. Y es que, no se deja de sentir todo el mismo día. Es un proceso biológico, psicológico y conductual muy complejo.

Es un proceso de reestructuración. Desmantelar una estrategia de supervivencia que te ha protegido durante décadas conlleva una alta desorientación y vulnerabilidad.

Para que no te pierdas en este camino, ni sucumbas a la desesperación cuando sientas que la máscara se rompe y te quedas sin defensas, no podemos depender de la improvisación. *Terapia Espinosa* te entrega aquí una herramienta: un mapa topográfico de tu propia transformación.

A lo largo de años acompañando a personas en la intimidad de la consulta, identifico un patrón en el proceso de cambio del narcisismo. Son 10 etapas de cambio, quiero que utilices este mapa como una guía.

A través de él, comprenderás que lo que estás sintiendo es coherente con el cambio estructural que buscas.

Recorreremos juntos el viaje completo: comenzaremos en la negación, atravesaremos el dolor de la confrontación con tu propia mentira y, si te mantienes y no huyes de este libro -que se ha convertido en una terapia autodidacta-, te prometo que llegaremos a una autenticidad segura. No es un camino lineal —habrá recaídas, retrocesos y momentos de desesperación—, pero es un camino predecible.

Etapa 1: No reconozco el problema (La ceguera del ego)

Esta es tu casilla de salida. En esta fase, tu estructura defensiva se encuentra en su estado más inconsciente y rígido. Vives en la no aceptación psicológica, pero estás convencido de que sabes mejor que nadie quién eres. Para ti, no hay ningún problema en tu forma de ser; el problema, la ineficiencia y la torpeza pertenecen al mundo exterior.

En esta primera etapa, la distorsión de tu percepción funciona aparentemente perfecta y sin fisuras. Sabiendo que tu percepción crea tu realidad, en este punto tu mente te dicta que eres un ser mejor que lo que observas en otros, o bien te convence de que eres una víctima incomprendida. Tu creencia interna no es vista como lo que realmente es —una protección de supervivencia—; es experimentada como la única verdad.

Por lo tanto, en esta etapa, tú no sufres directamente por tu trastorno; tu mente te anestesia ante tu propia responsabilidad. En esta fase de ceguera, quienes realmente sufren las consecuencias de tu comportamiento son las personas de tu entorno, como tu pareja, que vive en un estado de hipervigilancia crónica para no detonar un conflicto; tus hijos, que aprenden a silenciar sus necesidades, o tus empleados.

Si te encuentras inmerso en esta Etapa 1, sé muy bien que no acudirás a mi consulta diciendo: «Hola, vengo porque tengo un déficit de empatía y manipulo a mi familia». Eso es impensable ahora mismo. Si llegas a cruzar la puerta de mi despacho, lo harás arrastrado a la fuerza por factores externos que ya no puedes controlar: un ultimátum innegociable de divorcio, una amenaza de despido, o simplemente porque el esfuerzo cognitivo de mantener esa máscara de perfección te ha quebrado por dentro, provocándote síntomas físicos como insomnio, agotamiento o ataques de pánico.

Cuando te sientes en esa silla frente a mí por primera vez, tu discurso será un bloque justificadísimo. Me explicarás con detalle cómo todos los demás te han fallado. Y si yo, en mi rol de terapeuta, te pregunto sobre si hay algún pequeño fallo en tu empatía, probablemente te ofenderás. En este punto de partida, tu identidad y tu máscara están fusionadas. No hay espacio para la duda o la autocrítica. La ceguera del ego es la creencia que has construido sobre ti mismo, trabajando para evitar que contactes con tu tristeza.

Etapa 2: Percibo el problema, pero la culpa es del mundo (Proyección)

Si yo, como tu terapeuta, logro sostenerte en la consulta sin dejarme arrastrar por tus ataques defensivos o tu carisma inicial, tu creencia defensiva comenzará a sufrir, por primera vez, la fricción real de la vida. Es entonces cuando avanzas, un poco reacio, hacia la Etapa 2.

En esta fase, tu negación te hace dudar. Tu sentido común ya no puede ignorar por completo las catástrofes que se acumulan a tu alrededor, como tu tercer matrimonio que se está desestructurando, tu empresa que pierde dinero o las personas más cercanas que han dejado de hablarte. Percibes que hay un problema recurrente. Ves el patrón. Sientes el dolor de la soledad y el fracaso.

Sin embargo, aún estás demasiado aterrorizado para asumir la responsabilidad. Sientes que si admitieras tu responsabilidad en ese dolor, la vergüenza somática que experimentarías sería insoportable. Para evitar este colapso psicológico, activas un mecanismo de defensa primario, la proyección.

Reconoces que existe un problema evidente, pero proyectas sistemáticamente la responsabilidad en los demás. Entras de lleno en la etapa de las excusas elaboradas y la manipulación de la narrativa. Me dirás: "Sí, mi matrimonio fracasa, pero es porque mi pareja es una histérica inestable". "Sí, me han despedido, pero es porque mi jefe me tenía envidia". "Sí, estoy solo, pero es porque la sociedad actual es demasiado mediocre".

Estás experimentando emociones intensas y, para no sentir esa responsabilidad, proyectas la culpa hacia los objetos externos. En la consulta, esta es la etapa del debate intelectual. Intentarás usar toda tu empatía cognitiva e inteligencia. Intentarás convencerme, con pruebas, de que el mundo está equivocado y tú tienes razón.

Es una fase de altísimo riesgo de abandono terapéutico. Si yo me mantengo amable sintiendo lo que tu sientes, y no valido tu papel de víctima o de genio, sentirás disonancia. Puede que traduzcas mi neutralidad como un ataque, y tu instinto será levantarte, tacharme de profesional incompetente y huir de mi consulta para buscar otro "espejo" que sí te devuelva la mentira que necesitas escuchar. Mi trabajo en esta etapa no es discutir contigo, sino sentir como tú, y ser curioso dentro de tus emociones, mostrarte lo que siento y demostrarte que mi rechazo a tu máscara no es un rechazo a tu persona, para que tú decidas quedarte.

Etapa 3: Siento vergüenza al expresar mi máscara (El peso de la falsedad)

Si nuestro trabajo terapéutico continúa y aplicamos correctamente las herramientas de esta brújula, logrando que conectes con tu experiencia corporal (como vimos en el caso de Laura), entras en la Etapa 3.

Puede que por primera vez en toda tu vida te desdobles. Tu conciencia comienza a separarse físicamente de la máscara. Hasta ahora, presumías de tus logros, humillabas sutilmente a tu pareja o te victimizabas de forma completamente automática, sin pensar, como quien respira o parpadea. Era tu modo de supervivencia por defecto. Pero de repente, en esta etapa, ese patrón automático se desactiva y pierde su eficacia. Ya no puedes actuar sin darte cuenta.

Imagínate en una cena con amigos. Alguien cuenta una anécdota divertida y tú, siguiendo tu programación de toda la vida, interrumpes para contar una historia mucho mejor, más dramática o exagerada, buscando volver a ser el centro de atención. Pero esta vez es diferente. Mientras las palabras salen de tu boca... te escuchas a ti mismo. Tu percepción, que ha empezado a limpiarse en nuestra terapia, te muestra la escena con objetividad; ves cómo las sonrisas de tus amigos se congelan, notas el silencio tenso en la mesa y percibes el aburrimiento o la decepción en sus ojos.

Y entonces, ocurre algo que paradójicamente te viene muy bien, sientes vergüenza.

Esa vergüenza es la señal de que tu cambio ha comenzado. En el consultorio, me relatarás estos momentos con gran angustia. Me dirás: "Ayer le grité a mi pareja para tener la razón en una discusión absurda, y mientras lo hacía, me sentí ridículo. Me di cuenta de que estaba actuando, otra vez me está pasando, no puedo pararlo".

Tu creencia ya no te protege; ahora te pesa. La máscara, que durante décadas fue tu segunda piel y tu refugio, ahora te asfixia. Al sentir vergüenza al expresar tu máscara, me estás demostrando que ya hay un "yo" vulnerable, observando al "yo" falso. Ya no puedes engañarte a ti mismo con tanta facilidad, y cuando lo intentas, tu propio cuerpo te avisa con malestar.

Sé que esta etapa está llena de tristeza y crisis de identidad. Te preguntarás: "Si no soy este personaje grandioso, ¿quién soy? ¿Cómo se supone que hablo, actúo o me defiendo ahora?". Sentirás vértigo al darte cuenta de que, literalmente, no sabes relacionarte de otra manera. Pero quiero que sepas que, mientras tú lloras ese vacío, para mí, como tu terapeuta, es un momento de celebración silenciosa. Tu ceguera del ego ha muerto. La culpa ya no es solo del mundo. Has experimentado la disonancia de tu propia falsedad, y esa incomodidad es exactamente el motor que te empujará hacia las siguientes etapas.

Etapa 4: La máscara ha caído (Enfrentar la desnudez y la vulnerabilidad)

Llegará un día en la consulta, o quizás en la soledad y el silencio de tu propio hogar, en el que tu agotamiento alcanzará su límite. La energía que necesitabas invertir diariamente para sostener la simulación y para controlar la narrativa de todo tu entorno te agotará. Tu creencia sobre ti mismo, esa que durante décadas te protegió de procesar la realidad, colapsará al no poder sostener la disonancia cognitiva.

Tu fachada habrá caído. Y lo que quedará al descubierto debajo será un ser humano desnudo, desorientado y aterrorizado.

En esta etapa, atravesarás una fase de crisis de identidad y desorientación emocional. Y es lógico que así sea. A nivel cognitivo, tu forma de percibir se habrá quedado sin su filtro defensivo habitual. Tu sentido común empezará a integrar la realidad sin distorsiones ni excusas y verás de frente el daño real que has causado a tu pareja o a tu familia, reconocerás todas las oportunidades de intimidad genuina que destruiste por culpa de tu soberbia, y contemplarás, cara a cara, que no sabes quién eres. La realidad se impondrá de forma abrupta, sin los filtros defensivos habituales.

En los términos de nuestra física de las emociones, este es el momento en el que experimentarás la tristeza sin adulterar. Ya no será una pasión triste disfrazada de ira explosiva, de envidia competitiva o de desdén y superioridad. Será el dolor limpio de la pérdida. En esta fase llorarás la pérdida de la infancia que no tuviste, la pérdida del amor que tú mismo boicoteaste por miedo y la pérdida de la fantasía de ser un individuo excepcional.

Enfrentarte a esta desnudez psicológica y a esta vulnerabilidad requerirá de ti mucha valentía. Sé perfectamente que el instinto primario de tus deseos personales será intentar recoger los pedazos de la máscara del suelo, volver a ponértela a la desesperada, huir de mi consulta y volver a culpar al mundo de tu sufrimiento para no sentir esta agonía. Mi papel como tu terapeuta será sostenerte en esta desnudez, sin juzgarte, sin asustarme de tu dolor y sin apartar la mirada, demostrándote en tiempo real que ser vulnerable no es sinónimo de ser aniquilado. Te enseñaré que puedes sobrevivir a la caída de tu propio mito. Y una vez que descubras que sigues respirando a pesar de haber perdido, ese terror comenzará a mutar en alivio.

Etapa 5: Seguridad (La coherencia del saber y el inicio de la seguridad)

Tras tolerar el impacto de la caída de tus defensas y atravesar esa fase de desorientación identitaria de la que hablábamos, comenzarás a transitar hacia la quinta etapa. Y lo que vas a experimentar en este punto es, según me relatan quienes ya han llegado hasta aquí sentados en esa misma silla, una de esas sensaciones extrañas y maravillosas. Es una sensación que nunca antes habrás conocido, porque tu estructura te lo impedía, la verdadera seguridad.

Hasta ahora, habías confundido la seguridad con la invulnerabilidad. Creías que estar seguro era ser intocable, tener poder sobre el otro. Pero en el fondo tú sabes que esa era una seguridad paranoica, que requería mucha vigilancia, generándote un nivel de estrés que te estaba consumiendo por dentro.

La seguridad que emerge en ti en esta Etapa 5 es de una naturaleza distinta. Es la seguridad que nace de la coherencia. Lo que sientas en tu experiencia somática (ese escalón uno de nuestra brújula) coincidirá perfectamente con lo que dicta tu creencia (el escalón dos) y con lo que finalmente muestras al mundo exterior. Si sientes miedo, te permitirás decir en voz alta que tienes miedo. Si no sabes algo, admitirás con naturalidad que no lo sabes. Y si te equivocas, podrás pedir perdón a tu pareja o a tus amigos sin sentir que tu identidad se desintegra.

Esta nueva coherencia elimina la disonancia que te robaba la energía. Descubres que tu verdadera capacidad como ser humano no reside en someter y dominar a los demás, sino en actuar en concordancia con tu naturaleza Al aceptar tu humanidad ordinaria, recuperas tu verdadera fuerza. Ya no tienes que invertir horas de insomnio memorizando el guion de tu propia mentira. Ya no tienes que calcular qué cara poner o qué tono de voz usar para extraer admiración de quienes te rodean.

El inicio de tu seguridad ocurre por esta rendición incondicional. Descubres con alivio que la verdad es infinitamente más fácil de sostener en el tiempo que las mentiras. Tu seguridad ya no provendrá de los aplausos efímeros del público, ni del miedo de tus supuestos rivales, sino de un núcleo interno sólido y recién construido que te acepta cosas como estas: "Soy un ser humano defectuoso, ordinario, a veces asustado... y eso es suficiente". Es en esta etapa donde el trabajo solitario termina y estás listo para la vida social.

Etapa 6: Alivio y prevención del dolor propio

Es aquí donde los beneficios prácticos de una terapia se hacen innegables y tangibles para ti. Entras de lleno en la etapa del alivio y la prevención de tu dolor.

Durante toda tu vida, sin que fueras consciente de ello, tu mente ha funcionado como una máquina hiperactiva de autolesión psicológica. Al intentar forzar a la realidad (y a las personas que decían quererte) para que encajaran a la fuerza en tu forma de percibir, te estabas infligiendo dolor. Te envenenabas con envidia al ver triunfar a un compañero, te resentías cuando tu pareja ponía límites a la relación, sentías ansiedad por la idea de perder estatus. Tus deseos, al estar ciegos, chocaban contra la realidad objetiva.

Pero ahora, al haber encontrado coherencia en tu vulnerabilidad, este ciclo de dolor autoinfligido se detiene. Vas a experimentar un alivio físico y mental asombroso, fruto de la liberación de carga alostática y cognitiva.

Aprendes la habilidad de la prevención de tu propio dolor y dejas de pelear batallas inútiles contra la realidad. Si un día vas a una reunión y no eres el centro de atención, tu percepción lo traduce como un hecho natural, no como un ataque. Previenes así esa explosión de ira defensiva que antaño te habría arruinado el día a ti y a los tuyos. Si alguien te hace una crítica, tu ego herido ya no necesita saltar con una agresividad feroz para destruir al mensajero; ahora acoges la crítica, evalúas objetivamente si es cierta y, si lo es, la utilizas. De este modo, previenes el doloroso aislamiento social que acababas provocando.

Es en esta etapa donde la estabilidad de tus afectos (el quinto escalón de las formas de los sentimientos) se asienta en tu sistema nervioso. Dejas de ser tu peor enemigo. Has logrado, con trabajo consciente, desactivar la alta reactividad de tu sistema nervioso ante la frustración. Y con este alivio te preparas para las etapas finales.

Etapa 7: Crear nuevas tácticas y rutinas relacionales saludables

En esta fase tienes la voluntad genuina de ser una persona diferente, pero tu cerebro aún conserva las vías sinápticas consolidadas por décadas de comportamiento defensivo. Tu deseo ya no es manipular a los demás. Pero te das cuenta de que no sabes cómo pedir una muestra de afecto sin acabar exigiéndola. Tu creencia es ahora mucho más humilde y realista. Pero a veces no sabes cómo sostener una discusión sin intentar "ganar". Es exactamente aquí donde nuestra terapia abandona la reflexión y se vuelve práctica y táctica.

Aplicaremos juntos el concepto de neuroplasticidad dirigida. A nivel neurológico, durante toda tu vida, la red sináptica más consolidada ha sido tu defensa narcisista. Ahora estamos forjando nuevas vías neuronales con gran esfuerzo consciente, y transitar por ellas generará incomodidad temporal hasta que se establezcan como tu nueva respuesta automática. Lo que quiero decir, es que esta fase requerirá la creación consciente y diaria de nuevas rutinas relacionales.

En la consulta, trabajaríamos en el diseño de guiones de respuesta nuevos para tu día a día. Por ejemplo, si tu patrón histórico era castigar con el silencio a tu pareja cuando no estaba de acuerdo contigo, tu nueva táctica consistirá en la pausa consciente. Te enseñaré a mirarla a los ojos y decir: "Siento que me estoy enfadando, lo primero que he pensado es retirarme para castigarte. Por favor, dame diez minutos para calmarme y vuelvo para que lo hablemos, porque no quiero hacerte daño".

Sé perfectamente que estas rutinas te resultarán, al principio, mecánicas, torpes y forzadas. Me dirás que sientes que estás "actuando" de nuevo, casi como si estuvieras intentando escribir con tu mano no dominante. Pero hay una diferencia, esta vez no actúas para engañar al otro ni para ganar algo, sino para reentrenar tu comportamiento. Es el paso de la "competencia inconsciente" (ser un manipulador que actuaba en piloto automático) a la "competencia consciente" (ser un comunicador honesto por pura elección y con esfuerzo).

A base de paciencia, de repetición constante y de aprender a perdonarte a ti mismo las veces que tropieces y vuelvas a tu patrón habitual, estas tácticas dejarán de ser herramientas externas. Se integrarán en tus deseos, convirtiéndose en tu nueva forma natural de perseverar en la existencia. Habrás construido un comportamiento nuevo que ya no necesita destruir o someter los vínculos para sentirse seguro, sino que sabe cómo actuar para nutrirlos.

Etapa 8: Comprender el impacto en los demás (El nacimiento del remordimiento funcional)

Durante toda tu vida, has vivido inmerso en una ceguera selectiva. Podías observar que tu pareja lloraba frente a ti, pero tu forma de percibir interpretaba ese llanto como "una molestia", "una manipulación" o una "debilidad" que, en lugar de conmoverte, te irritaba. En esta Etapa 8, esa ceguera defensiva se desactiva.

Gracias al fortalecimiento real de tus circuitos neuronales y a tu nueva apertura a las experiencias de intimidad genuina, comienzas a experimentar lo que en nuestra terapia llamo remordimiento funcional. A diferencia de la culpa o el victimismo (que es una pasión triste que te paraliza, te hunde en la vergüenza y busca el autocastigo), este remordimiento funcional es, paradójicamente, una emoción con un componente alegre. ¿Por qué? Porque consiste en conocerte mejor a ti mismo y en recuperar tu capacidad de tomar decisiones. Sin embargo, esta alegría de la consciencia viene unida a la tristeza de la compasión.

Miras hacia atrás y sientes el peso del dolor que causaste, teniendo la certeza de que ya no necesitas volver a hacerlo. En esa silla frente a mí, tu discurso cambia. Ya no dices a la defensiva: "Ella dice que la hice sufrir". Ahora dices: "Veo el miedo que produzco en sus ojos. Me imagino lo que ella experimentó cuando la castigué con silencio durante días. Comprendo el enorme daño que les hice a mis hijos al exigirles tanto".

Aquí, exactamente, la filosofía nos da la clave. Como señaló Spinoza en su *Ética* (III, 22), la verdadera compasión no nace de un concepto místico o de un amor incondicional e idealizado; consiste en la tristeza que surge del daño ajeno.

Durante mucho tiempo, tu mecanismo de defensa consistió en huir de cualquier forma de tristeza. Pero ahora, al elegir quedarte voluntariamente en la tristeza de sentir el daño real que le has provocado a la otra persona, ocurre un fenómeno psicológico inevitable y bueno para ti: el dolor del otro actúa como un espejo que te obliga a mirarte a ti mismo. Al permitirte sentir su tristeza, conectas con tu propia tristeza reprimida, con ese vacío que tu máscara intentó tapar durante décadas. Y es precisamente esa experiencia cruda la que resulta terapéutica. Sentir tu propia tristeza a través del otro rompe y funde las partes más rígidas y defensivas de tu comportamiento. Te das cuenta de que no puedes seguir sosteniendo la soberbia. Ya no pides disculpas rápido para "pasar página" ni cambias por obligación moral. Por este motivo te sientes contento, eres feliz y triste a la vez. Son las consecuencias opuestas que encontrarás en esta fase.

En esta etapa, la aparición de la tristeza sostenida no debe interpretarse como un retroceso, sino como un indicador de éxito biológico. La tristeza funcional es una herramienta de reconstrucción. Permanecer en este estado de forma natural y saludable permite al organismo entrar en un periodo de baja reactividad que facilita la disolución de redes neuronales establecidas durante años. Para que los comportamientos aprendidos se modifiquen, el cerebro necesita este 'estado de pausa' emocional. La tristeza permite que la energía que antes usabas en mantener el control se dirija ahora a la reconfiguración de tus conexiones sinápticas. Sin este tránsito por el dolor sentido, no hay cambio biológico real; solo hay una sustitución de una máscara por otra.

Etapa 9: Aceptar el sufrimiento de los demás sin sentirse amenazado

Una de las marcas registradas de tu antigua estructura defensiva era tu incapacidad para tolerar el malestar ajeno. Si tu pareja estaba triste, enferma, estresada o simplemente cansada, tú lo vivías como una afrenta: "¿Cómo te atreves a estar mal y no estar disponible al cien por cien para atender mis necesidades?". O bien, tu paranoia lo traducía como un juicio de valor: "Si tú estás mal a mi lado, significa que yo soy una mala pareja, y como mi creencia no puede soportar esa imagen, te obligo –con ira por ejemplo– a que cambies esa cara, o directamente te devalúo para que tu dolor no me salpique". El dolor del otro te asustaba, porque te exigía salir de ti mismo.

En esta Etapa 9, alcanzas un nivel de madurez emocional que antes te habría parecido ciencia ficción. Aprendes una de las lecciones relacionales más difíciles de todo este proceso: sostener el sufrimiento de la persona que tienes enfrente sin que tu percepción lo traduzca como una amenaza a tu identidad. Comprendes, no solo desde el intelecto, sino desde tus sentidos, que el dolor, la frustración o el agotamiento de tu pareja le pertenecen a ella, y no son un ataque encubierto. Ya no eres el centro trágico de todas las historias.

Es aquí donde se consolida la estabilidad de tus afectos. Te conviertes, para ti y para los tuyos, en ese puerto seguro. Ahora eres capaz de escuchar un reproche legítimo sin montar una guerra. Puedes presenciar una crisis de llanto de tu hijo abrazándolo, sin exigirle que se calle. Además, puedes aceptar que tu pareja necesite espacio, sin sentir que te va a abandonar o que tu valor desaparece.

Has logrado cruzar el puente hacia el otro. Has aprendido a habitar tu imperfección, en la vulnerabilidad estás bien, y aceptas el conflicto natural que conlleva atreverse a afectarse por otras personas. Sin embargo, aunque este logro te permite saborear lo que significa "estar contento" en el presente, nuestro viaje en la consulta aún no ha terminado.

Etapa 10: Ser genuino y el cambio del "sujeto"

Primero fue la ceguera, después el colapso, pasando por el entrenamiento -o reflexión- de las nuevas rutinas relacionales, te encuentras ahora en el estado que define el éxito de una terapia: la conquista de tu autenticidad.

Te aviso, aunque creo que te habrás dado cuenta ya, de que es muy difícil cambiar leyendo un libro. Puede que aún no hayas superado esta dificultad por completo, pero sin duda ahora cuentas con las bases para que ese cambio se consolide con el tiempo. Además, si decides acudir a un psicólogo, incluso puede que pase antes.

En esta etapa, no solo has dejado de comportarte como un narcisista, has transformado desde la experiencia la estructura de tu "sujeto".

Para Averroes, el "sujeto" no es una entidad estática o un destino, es el resultado directo de lo que percibimos. Al llegar a este punto, tu procesador de la sensación o percepción ha sido pulida y recalibrada. Ya no percibes el mundo exterior como un escenario hostil donde debes actuar para sobrevivir, los demás no son reguladores externos a los que exiges para sostener una ficción de ti mismo. Ahora, percibes la realidad directamente, sin el filtro paranoico del miedo o la necesidad de control. Ser genuino significa que esa distancia que antes existía entre lo que sientes (tu mundo interior) y lo que expresas (tu mundo social) ha desaparecido. No has sustituido tu vieja máscara por otra "más amable" o socialmente aceptable, lo que haces ahora es observar tu propia máscara con curiosidad compasiva, con la intención firme de adaptarla, y dar paso a un sentimiento autoconsciente realista.

El cambio de tu sujeto se siente en la transformación de tus vínculos sociales. En tus etapas de defensa, tú "usabas" a los demás; en esta etapa de autenticidad, tú "estás" con los demás. Es un cambio ontológico, una forma opuesta de existir.

Al ser genuino, descubres la libertad. Ya no eres un esclavo encadenado a las pasiones tristes de la envidia, el orgullo o la ambición. Tu deseo y capacidad de superarte de forma realista en tu ambiente con los otros, ya no se agota en la trinchera defendiendo a tu ego de ataques imaginarios, sino que se expande en la conexión. Tus relaciones dejan de ser transaccionales ("¿qué me das tú para que yo me sienta valioso?") para ser existenciales ("celebro tu existencia porque enriquece la mía").

En esta fase, experimentas por primera vez en tu vida lo que es tener una intimidad real y segura, tanto contigo mismo como con los demás. Y conoces con el recuerdo de la experiencia por qué ocurre así. Tienes conocimiento sobre las causas emocionales de tu comportamiento, así como de las personas y del mundo exterior. Eres capaz de admirar a tu pareja, a tus amigos o a tus colegas sin que te haga sentir amenazado. De hecho, la grandeza del otro permite ahora tu alegría. Ahora ves los fallos que tenías en muchas personas, y los dejas pasar, porque los entiendes y permites, aunque también sabrías protegerte de ellos. Has comprendido que la capacidad de un ser humano no se mide por cuánto puede dominar. Un sujeto contento es alguien que sabe estar sin exigir y sin ser exigido.

Ser genuino trae consigo el regalo de ver el final posible para tu fatiga emocional. Mantener a un personaje las 24 horas del día supone un gran esfuerzo; ser tú mismo no requiere ningún esfuerzo. Experimentas un alivio que te cambiará el ritmo cardíaco, porque ya no tienes nada que ocultar con tanto esfuerzo. Si cometes un error, lo admites; si sientes inseguridad, la nombras; si tienes un logro, lo disfrutas sin necesidad de restregarlo.

Esta transparencia genera en ti seguridad. Irónicamente, has alcanzado la invulnerabilidad que tanto buscaste a través de la grandiosidad, pero la has alcanzado a través de la vulnerabilidad. Al aceptar que eres un ser humano ordinario, con límites, dudas y defectos, te vuelves más invulnerable al juicio ajeno. Ya no hay ningún "secreto" que pueda ser descubierto y destruirte, porque tú mismo has puesto tu verdad sobre la mesa.

La curación de tu sujeto es, en última instancia, la recuperación de tu capacidad para habitar el presente. Durante tu etapa narcisista vivías siempre exiliado en el futuro (planeando tu próximo triunfo para ser admirado) o atrapado en el pasado (masticando tus agravios y buscando culpables). Hoy, como sujeto genuino, habitas el "aquí y el ahora". Sientes tu cuerpo, escuchas de verdad al otro, percibes lo cotidiano y te permites ser afectado por la vida.

El ciclo de tu transformación se cierra aquí. Tu vida deja de ser un simulacro defensivo para convertirse en una experiencia permeable, ahora permites que los afectos te transformen, abandonando la necesidad de controlar rígidamente tu identidad.

Capítulo 9: El Papel del Terapeuta

Los retos en la consulta

Si has llegado hasta aquí, ya comprendes que *Terapia Espinosa* no es un conjunto de consejos amables, sino una intervención reflexiva sobre la percepción y los afectos. Sin embargo, para que entiendas cómo funciona este cambio, hay una pieza del rompecabezas que quiero revelarte: es mi propia figura, el rol del terapeuta.

Dentro de esta herida, y en una terapia privada individual, yo no puedo ser un mero observador cómplice que te dé la razón. Mi trabajo es guiarte con seguridad a través de la tensión, las resistencias y las actitudes defensivas que surjan en la sesión. Entrar en una sesión contigo es, para mí como profesional, un ejercicio de equilibrio.

El reto al que me enfrento no es sólo técnico, es muy emocional, porque me convertiré en muchas ocasiones en el blanco de esas defensas que has perfeccionado durante décadas. En esta sección, quiero desglosarte los desafíos tácticos a los que nos enfrentamos juntos.

1. La resistencia al cambio

Un obstáculo que encontraremos en nuestro trabajo juntos es tu propia resistencia. En la mayoría de los trastornos, la persona sufre por su comportamiento y acude a terapia desesperada por cambiar. En tu caso tu comportamiento problema (ya sea la grandiosidad o el victimismo) es exactamente lo que te hace sentir a salvo. Por lo tanto, cuando te propongo cambiar, tu cerebro no lo percibe como una liberación y lo codifica de forma automática como una amenaza. Sientes que, si te quito la máscara, dejarás de existir.

Has construido un sujeto cimentado en la ilusión de invulnerabilidad. Cuando, como tu terapeuta, propongo cuestionar una de tus creencias rígidas, tu procesador interno hace saltar las alarmas. Detecta un estímulo externo que amenaza con desestabilizar la estructura defensiva que te mantiene a salvo.

Quiero hablarte sobre lo que en la consulta ocurre cuando tu mente, aterrorizada por el vacío, decide resistirse al proceso. Esta resistencia se manifiesta sutil o explosivamente, a veces llegarás tarde a las sesiones para acortar tu tiempo de exposición; «olvidarás» las tareas acordadas, cuestionarás mi formación y mis métodos, o usarás el tiempo para darme conferencias morales.

Todo este despliegue cognitivo tiene un objetivo finito que es impedir cualquier conexión emocional vulnerable entre nosotros. Cuando intentas expulsarme o impresionarme, quiero que sepas algo: no lo percibo como una falta de respeto ni como un fracaso tuyo. Lo que veo es la negación de tu deseo y capacidad por sobrevivir, intentando perseverar en la existencia usando la única herramienta de supervivencia que conoces. Estás luchando por la vida de tu identidad.

Por eso, mi labor aquí no es empujar tu pesada pared defensiva con más fuerza para derribarla. Mi labor es acompañarte en ese estado de alta incertidumbre emocional y, con paciencia técnica, invitarte a analizar tus contradicciones y sentimientos en tus creencias. Estaré a tu lado hasta que tú mismo compruebes, sin que yo te obligue, que no está todo lleno de enemigos.

2. La arrogancia defensiva

El segundo gran reto será tu arrogancia defensiva. Es muy probable que, aterrorizado ante la vulnerabilidad que exige este espacio, tu instinto intente establecer una jerarquía, una pirámide donde tú estás arriba, en control, y yo estoy abajo, no te controlo.

Quizás intentes decirme: «He leído más libros de psicología que tú», o busques minucias en mis palabras para invalidarme. Soy consciente de que esta altivez no habla de tu grandeza, sino de tu terror. Es una táctica de distracción. Si logras que me sienta intimidado, o si me arrastras a una lucha de egos para demostrar quién sabe más, habrás «ganado» la partida. Pero al ganar ese juego defensivo, habrás perdido tu oportunidad de cambiar, evitando mirar de frente tu herida. Seguirás igual de exhausto.

Frente a estos intentos de sometimiento, mi respuesta no será el enfado ni la sumisión, sino la calma técnica. No lucharé contigo por el poder de la sala. Esa lucha territorial es siempre una pasión triste que nos alejaría de nuestro objetivo real: tu seguridad emocional.

Cuando intentes humillarme o deslumbrarme, mi compromiso es que no contraatacaré para defender mis creencias personales –comúnmente tu ego–. Mi trabajo no es sentir como una persona atacada en una discusión ordinaria, mi trabajo es prestarte mi sistema nervioso. Verbalizaré lo que tú sentirías si no estuvieras tan bloqueado, actuando como un ancla de realidad libre de juicio. Te miraré y te diré: "Siento que necesitas reafirmar tu conocimiento frente a mí. Lo entiendo, porque se supone que soy el experto que te va a juzgar. Pero créeme, eso nunca pasará. ¿Qué pasaría si hoy permitimos que esa necesidad de demostrar lo que sabes descansara, y observamos cómo te sientes aquí sentado?".

Para desarmar tu arrogancia sin herirte, he tenido que sanar primero mi propio deseo de admiración. Trabajo exclusivamente desde mi experiencia en terapia y la mecánica de cómo cambiar a una persona que quiere cambiar. No siento necesidad de demostrarle nada a nadie. Quiero que entiendas nuestro contrato: tú me pagas por mi tiempo y yo me comprometo a ser radicalmente empático y realista contigo. No demandaré nada más de ti. Solo quiero sentir como tú en este momento, prestarte mi sistema nervioso para ayudarte a aceptar tu problema sin que la vergüenza te destruya, adaptar tus antiguas creencias y desarrollar un deseo coherente con quien eres, para que logres sentirte más contento.

3. La hipersensibilidad

Uno de los momentos más delicados será tu extrema hipersensibilidad a la crítica. Hacia el mundo exterior pareces un tanque invulnerable, pero por debajo eres un tejido de nervios expuestos.

No has aprendido a integrar que alguien pueda respetarte y, al mismo tiempo, señalarte un error. Tu forma de percibir traduce una sugerencia de mejora como una amenaza de devaluación. En el fondo, sientes que si no eres intocable, eres desechable.

Por ejemplo, si te comento: «Quizás esa forma de responder a tu pareja fue agresiva», puede que no escuches una observación, y en tu cabeza suene así: «Eres un fraude, no vales nada y te voy a rechazar». Ese dolor desencadena una experiencia dolorosa; sentirás como si te dieran un latigazo "en las emociones". Y puede que tu instinto sea castigarme con el hielo de tu frialdad o atacarme con sarcasmo antes de que yo te destruya a ti.

Te prometo que abordaré esta alta reactividad con delicadeza y no me asustaré de tu respuesta defensiva. No voy a juzgarte ni a devolverte el ataque. Mi primer paso será validar la conversación y también tu experiencia física. Observaré y te diré: «Me parece que te has sentido acorralado por mi comentario. Dime por qué si quieres, yo creo que es por lo que he dicho antes...». Solo cuando tu sistema nervioso se calme y sientas que no soy un enemigo, te invitaré a cuestionar esa creencia tóxica que te convence de que cometer un error te quita el derecho a ser amado.

La presencia terapéutica como herramienta

Para trabajar con tus miedos, mi obligación es ser para ti un modelo vivo de los 6 sentimientos. Sería una hipocresía exigirte estabilidad afectiva si yo permito que mi ego se ofenda cuando intentas herirme.

Mi labor es convertirme temporalmente en tu regulador externo, ofreciéndote aprendizaje para ese procesamiento perceptual seguro que no pudiste desarrollar en tu infancia. Cuando llegues cargado de arrogancia, la sostendré sin castigarte, cuando me lances tu rabia, la recibiré sin devolverte ira. Te describiré esa pesada máscara con toda la compasión de la que soy capaz, para con suerte, posibilitarte una experiencia corporal de seguridad inédita en tu vida.

No mediré tu progreso por tu falta de resistencia. Doy por hecho que vas a luchar e intentar boicotearnos. Mi trabajo no es obligarte a rendirte, sino mantenerme firmemente presente y amable, mientras tu resistencia se agota por su propio peso. Te demostraré empíricamente que puedes permitirte el lujo de ser visto en tu peor versión posible, y que no voy a salir huyendo. En el instante en que tu cuerpo compruebe que esto es verdad, tu necesidad de ser empezará a morir de inanición, descubriendo que una conexión vulnerable es infinitamente más segura que la soledad de esa exigencia en la que vives.

Como vengo diciendo, cuando cruzas la puerta de mi consultorio, rara vez lo haces con disposición humilde. En tu mente, regida por la sobreestimación, este espacio no se percibe como un entorno seguro, sino como un escenario hipercompetitivo donde sientes la obligación de demostrar tu valía para evitar sentirte vulnerable.

A esta dinámica la denomino el «juego de competición egoísta». Para desactivar esta trampa, necesitamos traducir a nuestro lenguaje y diferenciar claramente dos conceptos: la transferencia (lo que tú pones en mí) y la contratransferencia (lo que yo siento al recibirlo).

La transferencia: yo como actor secundario en el teatro de tu mente

La transferencia ocurre cuando proyectas sobre mí los sentimientos, expectativas y traumas que pertenecen a tus relaciones del pasado o a tu estructura defensiva. Ocurre porque no me ves como un ser humano independiente que quiere ayudarte, sino a través del cristal sucio de tu percepción.

Sé que el dolor te empuja a asignarme un papel en tu obra de teatro. Si cuestiono tu creencia sobre cómo eres, tu procesador interno no verá una mano tendida. Verás el ataque de alguien con poder legal para juzgarte (cosa que no me corresponde). Proyectarás en mí a un rival o a un incompetente al que necesitas demostrarle lo poco que sabe.

Al sentirte acorralado, tu instinto te empujará a devaluarme. Lo comprendo y no lo tomo como un ataque personal. Estar frente a mí reconociendo implícitamente que no eres autosuficiente te hace sentir debilidad. Admitir que tengo una perspectiva que te falta se procesa como una derrota. Para equilibrar la balanza emocional, buscarás minimizar mis palabras y desacreditarme. Veo ese mecanismo funcionar en tiempo real y no te juzgo, porque sé que es el escudo de unos deseos sin base y aterrorizados.

En la práctica, esto se traducirá en frases hirientes. Quizás suspires con condescendencia y me digas: «Esperaba un nivel más alto; deberías formarte mejor en perfiles de alta capacidad». O cruzarás los brazos y soltarás: «Esa técnica ya la leí». Con esto intentas encontrar seguridad en un contexto que no dominas en la práctica.

La contratransferencia: el impacto de tu escudo en mi sistema nervioso

Aquí es donde entra la otra cara de la moneda, y donde el juego se vuelve peligroso para tu cambio saludable. Los terapeutas, por mucha bata blanca o títulos que tengamos colgados en la pared, somos humanos. Tenemos orgullo, inseguridades y eso que llamamos ego, nuestras creencias personales y erráticas que nos hacen sentir.

La contratransferencia es exactamente eso: la reacción emocional e inconsciente que yo, como terapeuta, experimento en mi propio cuerpo frente a tus respuestas hacia mí Es el impacto directo de tu transferencia chocando contra mi sentimiento moral.

Si me dices a la cara que soy un profesional mediocre y que debería estudiar más, mi reacción biológica natural es defenderme. Mi corazón se acelera. Aparece la pasión triste de la indignación. Mi contratransferencia me empuja a querer demostrarte lo equivocado que estás. Me entran ganas de sacar a relucir mi currículum, de utilizar un lenguaje clínico incomprensible, o de confrontarte con agresividad pasiva para bajarte los humos.

Pero si yo cedo a este impulso, la terapia muere en ese preciso instante. Dos egos ciegos chocando en una habitación no pueden curar a nadie.

Si yo permitiera que mi propia reactividad interviniera en la sala, cediendo ante tu devaluación y defendiéndome, tu mecanismo defensivo habría cumplido su objetivo. ¿Por qué? Porque habrías logrado exactamente lo que tu máscara buscaba: desviar mi atención de tu verdadero dolor. Habrías conseguido que nuestra sesión deje de tratar sobre el vacío que te atormenta, sobre tu tristeza y miedo al abandono, para convertir el espacio seguro en un debate sobre mi competencia profesional.

Al generar este caos relacional entre nosotros, tu mente habría logrado mantener sus creencias intactas un día más, evitando así el paso de enfrentarte a tu vulnerabilidad. Por eso, mi acto de cuidado hacia ti no es darte la razón, sino negarme a pelear. Mi trabajo consiste en observar mi propia contratransferencia, silenciar mi ego herido y devolverte, en medio de tu tormenta, una presencia calmada que te muestre tus sentimientos.

Estrategias de intervención en vivo para terapeutas.

Estrategias de intervención: Desarmar la máscara en tiempo real

En este apartado, voy a alternar mi voz. Hablaré de forma técnica al profesional que debe sostener la sesión, y me dirigiré directamente a ti para que comprendas qué está ocurriendo en tu sistema biológico y mental mientras trabajamos.

1. La validación empática

Para el profesional: La clave técnica aquí no es aprobar la conducta, sino validar el afecto. Debes recordar la premisa de Averroes para la persona que tienes delante. Su percepción *es* su realidad. Si su sistema procesa el entorno como una amenaza, su conducta defensiva es, desde su lógica interna, necesaria. Tu objetivo es reducir la actividad de su amígdala para que el córtex prefrontal pueda empezar a trabajar.

Para ti: Sé que tu mente ha aprendido a percibir el mundo como un lugar hostil. Si yo comenzara señalando tus errores o cuestionando tus relatos, tu cuerpo entraría en un estado de alerta y dejarías de escuchar. Por eso, voy a utilizar la validación empática. Quiero ser claro: validarte no es darte la razón. No voy a confirmar que eres superior a los demás ni a justificar actos que hayan causado daño. Lo que voy a validar es la experiencia de dolor que sientes.

Si me cuentas con enfado que has reaccionado mal porque alguien no te prestó atención, mi trabajo no es juzgar tu reacción, sino identificar el sentimiento que hay debajo. Te diré: «Noto mucha tensión en tus palabras. Siento que la indiferencia de esa persona te ha hecho sentir algo muy doloroso, ¿de qué la conoces?». Al validar tu miedo en lugar de atacar tu defensa, permito que dejes de luchar conmigo y empieces a observar tu propia vulnerabilidad.

2. El establecimiento de límites en la relación

Para el profesional: El establecimiento de límites es la herramienta de reestructuración más potente que tienes. La persona con rasgos narcisistas suele haber crecido en entornos sin una estructura clara o con afectos condicionados al éxito. Tu constancia y tu negativa a ser manipulado proporcionan la "constancia objetal" de la que carece. El límite debe ser firme, pero neutro; sin rastro de castigo ni de revancha.

Para ti: Es probable que intentes poner a prueba los límites de nuestro espacio clínico. Sin embargo, en gran parte de las ocasiones, tu resistencia no se manifestará mediante un aumento del volumen de voz ni mediante la agresividad física. Tu instinto de supervivencia se ha desarrollado de una forma más compleja. Utilizarás tu empatía cognitiva para intentar estructurar la narrativa de las sesiones a tu favor. Tu objetivo conductual será dirigir mi atención hacia tu decodificación de la realidad, aportando datos seleccionados para convencerme de que tú actúas desde la racionalidad y que es tu pareja la persona que presenta inestabilidad y genera los conflictos. Buscas que yo, desde mi posición profesional, valide esa percepción tuya, reforzando así tu creencia y evitando la tarea de analizar tu propio procesamiento emocional. Cuando crea que estás utilizando la consulta para sostener esta evitación, mi límite no será una confrontación agresiva, sino la exposición a los hechos empíricos. A continuación, detallo dos ejemplos de cómo se presenta esta dinámica y cómo estableceré el límite para proteger tu proceso de reestructuración:

La proyección mediante el diagnóstico de la pareja

En este primer escenario, llegarás a la sesión con un discurso estructurado de antemano. En lugar de centrar el tiempo en explorar tus afecciones o tu grado de responsabilidad en la dinámica relacional, utilizarás el espacio para diseccionar el comportamiento de tu pareja. Me presentarás una lista detallada de sus fallos, inseguridades y reacciones. Es frecuente que utilices terminología psicológica extraída de lecturas, afirmando: «Mi mujer presenta rasgos bipolares, sus cambios de humor carecen de lógica y yo tengo que sostener su inestabilidad a diario con gran esfuerzo». Tu objetivo biológico en este momento consiste en utilizar mi figura profesional como un validador externo de tu percepción. Necesitas que yo emita un dictamen clínico sobre ella para que tu propio *conatus* —tu impulso vital— recupere la homeostasis, alejando el temor que te produce reconocer que tu propia desconexión afectiva contribuye a esa desregulación en la otra persona.

Buscas que el terapeuta certifique que tú eres la parte sana del vínculo. Si intentas dirigir la sesión de esta forma, te detendré con calma técnica y te diré: *«¿Puede ser que hayas invertido gran cantidad de esfuerzo en estructurar un perfil diagnóstico sobre tu pareja? A veces pasa que centrarte en sus carencias disminuye la tensión que te produce analizar las tuyas, pero en este espacio no evaluamos a personas ausentes. Mi función no consiste en darle la razón a tu mecanismo de defensa ni en emitir veredictos sobre la culpabilidad ajena. Mi labor es entender qué haces tú en esa relación para que dicha dinámica se mantenga en el tiempo. Así que vamos a dejar el análisis de tu pareja a un lado por unos minutos y vamos a centrarnos en cómo se altera tu sistema nervioso cuando sientes que pierdes el control de la situación»*.

En esta respuesta te quiero mostrar que mi presencia es consistente, que no asumo el rol de regulador de tu ego y que el objetivo del tratamiento se mantiene centrado en tu propio procesamiento cognitivo.

La validación mediante la omisión de los estímulos previos

El segundo escenario es muy frecuente en la consulta y requiere una observación meticulosa, porque utilizarás hechos comprobables, pero desprovistos de su contexto temporal. Llegarás a la sesión mostrando una evidencia tangible del comportamiento desregulado de tu pareja. Por ejemplo, me enseñarás un mensaje de texto donde tu pareja se expresa con alta agresividad o me contarás cómo el día anterior elevó el tono de voz frente a otras personas. Te mostrarás calmado y herido, argumentando: «Observa cómo me trata. Yo me mantuve en silencio, sin provocar la situación, pero ella reaccionó con ira. Es muy difícil convivir con alguien que presenta esta agresividad». Lo que tu procesamiento defensivo ha omitido deliberadamente —y lo que intentas ocultarme para que yo valide tu posición de víctima— es la secuencia de eventos previos.

Has omitido -y muy posiblemente por incapacidad- que llevabas varios días aplicándole la retirada de la comunicación, ignorando sus intentos de interacción, retirándole el afecto y sometiendo a su sistema nervioso a una privación de estímulos sociales hasta que su capacidad de contención colapsó. Buscas que yo evalúe su reacción final de forma aislada, ignorando la presión psicológica continuada que tú ejerciste para detonar esa respuesta.

Si identificamos esta dinámica, no me escandalizaré ni te acusaré de mentir, pero aplicaré el principio de realidad. Te diré: «*Comprendo que esa reacción de tu pareja, vista de forma aislada, resulta dolorosa y desproporcionada. Pero las respuestas intensas no surgen de forma espontánea sin estímulos previos. La reacción de tu pareja es la consecuencia de un proceso conductual. Me estás mostrando la última fase de la interacción para obtener mi empatía, pero el trabajo terapéutico requiere que retrocedamos juntos a los días anteriores. Vamos a examinar el distanciamiento y la falta de respuesta con la que tú condicionaste el terreno, para que se produjera esa alteración emocional en ella. Necesitamos investigar cómo esa misma inactividad actúa como un estímulo aversivo para el otro, vamos, ¿cómo se siente ella?*». Al mantener este encuadre, te ofrezco la certeza de que aquí no es posible eludir la cadena causal de los comportamientos, porque las relaciones requieren asumir la reciprocidad de las acciones.

3. La co-construcción de metas realistas

Para el profesional: El reto aquí es evitar que el proceso terapéutico se convierta en una herramienta para "perfeccionar" el comportamiento narcisista. La persona a menudo llega queriendo ser "mejor" para ser más admirada, no para ser más auténtica. Debes detectar esta trampa y negociar metas que se centren en la funcionalidad y la tranquilidad, no en la excelencia o la invulnerabilidad.

Para ti: Al principio, es normal que tus metas estén distorsionadas por el deseo de que tu armadura sea más resistente. Puede que quieras aprender psicología para manipular mejor o para que los demás no vean tus fallos. Debo ser honesto: no puedo aceptar esos objetivos. Si lo hiciera, te estaría ayudando a mantenerte triste.

Vamos a construir juntos metas que sean reales. Mi objetivo no es que seas la persona más carismática o invencible, sino que logres ser una persona ordinaria que puede estar tranquila. Reencuadraré lo que me pides. Si me dices que quieres que tu equipo te admire, yo te diré: «Nuestra meta será que, cuando alguien te lleve la contraria, tú no sientas que tu identidad se rompe». Buscaremos el camino para que puedas vivir sin la presión de tener que demostrar nada.

4. La confrontación compasiva: El mecanismo de Bergson y la disolución de la defensa

Para el profesional: En esta fase de la intervención abordamos la rigidez cognitiva y conductual. Un sistema nervioso con un procesamiento perceptual suficiente se caracteriza por su neuroplasticidad y capacidad de adaptación flexible frente a las contingencias del entorno. Por el contrario, el comportamiento defensivo de una persona con comportamientos guiados por "creencias narcisistas", opera mediante patrones estereotipados.

Aludiendo a la observación del filósofo Henri Bergson sobre la incongruencia que supone identificar "lo mecánico incrustado en lo vivo", nos encontramos con un deseo de supervivencia condicionado hacia lo invariable. No se trata de una reacción evaluada, sino de una respuesta de hipervigilancia rígida que se activa ante estímulos específicos que el individuo decodifica como amenazantes, anula su capacidad para emitir una respuesta emocional o conductual adaptada a su contexto presente.

La intervención consiste en señalar ese automatismo en el momento en que ocurre en la sesión. Y debes hacerlo mediante la confrontación compasiva, utilizando un humor suave. El afecto y la sonrisa desarman la percepción de amenaza. Permiten que la persona se desidentifique de su respuesta automática sin experimentar humillación. La advertencia técnica: pienso que la sonrisa debe reflejar esa comprensión de la rigidez humana. Con esto quiero decir que la sonrisa debe ser genuina y espontánea, pues no es una táctica calculada, sino la respuesta empática natural al ir comprendiendo el funcionamiento de la persona que tienes delante.

Si tu cliente percibe un rastro de sarcasmo o burla, experimentará una herida –una emoción triste sobre su persona–; esto no ayudará a la terapia. Es importante por esto informar sobre tus sentimientos y deseos; describe tu curiosidad sobre su comportamiento. Estas experiencias afianzan el sentimiento de intimidad al facilitar la formación de creencias coherentes sobre tu comportamiento.

Para ti: En el transcurso de nuestra intervención, alcanzaremos alianza terapéutica que nos proporcionará la seguridad necesaria para abordar tu evitación experiencial. Tu comportamiento defensivo no surge de la aleatoriedad; obedece a un patrón conductual estructurado y predecible. Cuando experimentes ansiedad ante la posibilidad de evaluación o percibas una alta vulnerabilidad somática durante la sesión, tu sistema de alerta reactivará sus respuestas condicionadas. Es probable que recurras a la intelectualización de tu discurso, a la elaboración de justificaciones complejas o que te sitúes en una posición de indefensión para proteger tu identidad.

Cuando identifique esta secuencia conductual, mi respuesta no será la confrontación. Te observaré con una actitud receptiva y te describiré, impulsado por curiosidad hacia "tu *conatus*" —tu deseo de perseverar y buscar seguridad—, la estrategia de evitación que acabas de desplegar. Es frecuente que acompañe esta observación con una sonrisa, creo que motivada por la alegría que produce comprender la causalidad biológica de tus afectos.

Es fundamental que asimiles este matiz: no hay burla en mi expresión. No existe juicio moral ni invalidación en mi actitud. Mi sonrisa es el reconocimiento compasivo del esfuerzo cognitivo que tu sistema nervioso acaba de realizar para mantenerte a salvo; es la satisfacción de identificar cómo opera tu deseo, manteniendo siempre la apertura para que tú corrijas mi observación si mi hipótesis no es muy exacta.

Considero esencial comunicarte cómo decodifico tu respuesta y qué procesos intuyo que estás experimentando. Te describiré la secuencia conductual que he presenciado utilizando un lenguaje descriptivo: *«Estabas hablando sobre tu tristeza, y tu respuesta parece razonable. Estoy curioso por observar lo que sentiste cuando te diste cuenta de lo que pensaba esa persona de la que hablas...»*.

Aquí expongo la rigidez de tu esquema defensivo desde la curiosidad y la aceptación, mi actitud se parece a esta sentencia: "no sé muy bien qué siento por ti, vamos a explorarlo" y la respuesta de hipervigilancia disminuye. La amabilidad y la sonrisa consecuente actúan como reguladores externos que inhiben la reactividad de tu amígdala, promoviendo un estado parasimpático seguro. Al observar tu propia conducta descrita sin percibir amenaza, experimentas que sostener esa estrategia cognitiva resulta, en este contexto, innecesario.

Esta actitud terapéutica desactiva la anticipación del castigo o la humillación. Compruebas, mediante la experiencia directa, que tu estructura defensiva puede quedar expuesta y analizada sin que se produzca una desestabilización del vínculo o un rechazo. En el instante en que integras tu propia estrategia de protección sin experimentar desregulación, la conducta defensiva pierde su función primaria, permitiendo que la intervención progrese hacia una reestructuración suficiente y expansiva.

Capítulo 10: Vivir con y ayudar a alguien con comportamiento narcisista

(Nota aclaratoria para la relación terapéutica)

Si eres el lector que ha transitado los nueve capítulos anteriores, es probable que sientas este apartado como una amenaza o una traición a nuestro vínculo. No lo es. Las herramientas de contención y límites que aquí se presentan para tu entorno (pareja, familia o amistades) no tienen el objetivo de dañarte.

En este sistema de terapia, entendemos que el límite externo es la estructura de contención que tú todavía no puedes generar por ti mismo. Estas estrategias funcionan como un escudo necesario que protege la integridad de los demás mientras tú realizas el esfuerzo de cambiar. Un entorno que sabe protegerse de tu reactividad es, de hecho, el único entorno seguro donde tú puedes permitirte bajar la guardia y desarrollarte. Considera estas páginas como el soporte logístico que garantiza la estabilidad del sistema completo mientras tu identidad se reconstruye.

(Fin de la nota. A partir de aquí, hablo con tu entorno).

Para ti, que convives o ayudas a alguien con TNP:

Hasta este punto de nuestro viaje a través de *Terapia Espinosa*, hemos enfocado nuestra mirada en el mundo interior del individuo que padece el trastorno. Hemos descendido a los sótanos de su neurobiología, hemos comprendido la atrofia de su empatía afectiva y hemos trazado el camino para desmontar su máscara. Sin embargo, este libro no tendría fundamento si no giráramos ahora el foco hacia la otra mitad de la ecuación. Porque el narcisismo nunca ocurre en el vacío; es una patología relacional. Ocurre en el salón de tu casa, en la cama que compartes, en las cenas familiares y en la crianza de tus hijos.

Este capítulo está escrito directamente para ti. Para ti, que convives, amas, trabajas o intentas ayudar a alguien que tiene este comportamiento. Para ti, que llevas años dudando de tu propia cordura, agotando tus recursos cognitivos mientras intentas descifrar a la persona que alternó entre una idealización extrema hacia ti y una desconexión afectiva absoluta.

Al haber leído los capítulos anteriores, ahora posees conocimiento sobre lo que realmente ocurre en su mente. Entiendes que su arrogancia es un escudo contra un terror infantil. Comprendes que su procesador perceptual está averiado y por tanto su percepción de la realidad está distorsionada. Sabes que es un prisionero de las pasiones tristes –que aparenta ser feliz porque no puede aceptarlo–, es incapaz de experimentar la alegría genuina de la conexión humana porque su deseo está obsesionado con sobrevivir a través de la sobreestimación.

Este conocimiento es aceptación, pero encierra una trampa para las personas altamente empáticas. Al comprender el origen traumático y biológico de su comportamiento, es sencillo caer en la "trampa de la compasión desmedida". Tu propia empatía afectiva te empuja a justificar sus malos tratos diciéndote a ti mismo: *«No lo hace a propósito, en el fondo está sufriendo, es que su procesador interno está roto... tengo que quererlo más fuerte para sanarlo»*.

Aquí hay una máxima que creo debes adoptar: Comprender el origen no disminuye el daño que te causa.

Es un hecho demostrado que su comportamiento destructivo a menudo nace de un fallo en su percepción. Cuando te devalúa o te aplica el castigo del silencio, muchas veces no lo hace desde una maldad maquiavélica, sino porque su procesador le envía la falsa señal de que tú eres una amenaza. Su percepción le miente. Pero el hecho de que su percepción esté alterada no implica que la herida que te inflige sea irreal. Si una persona ciega te pisa sin querer, su falta de intención de hacerte daño no repara el dolor que sientes. El dolor que sientes es real. El agotamiento emocional que experimentas es real.

Si alguien te exige un suministro constante de energía para que su creencia no colapse, esa demanda constante terminará desgastando tu propio bienestar. Esa persona no te ve como a un "tú" separado e independiente, te percibe como alguien que regula sus emociones.

Por lo tanto, si tu objetivo es vivir con esta persona, o si estás intentando sostener la relación mientras él o ella acude a terapia, tu prioridad no puede ser curarle. Esa es una carga demasiado pesada y, francamente, es el trabajo que hacemos nosotros en la consulta. Tu prioridad número uno debe ser proteger tu identidad. Si te dejas consumir, si permites que su percepción distorsionada de la realidad te afecte sin reconocer a la tuya propia, aprenderás a sentir de la forma alterada que la relación está formando.

Para evitar este desgaste, no necesitas atacar, pero necesitas soltar el papel de salvador y construir lo que podemos llamar, la técnica del escudo de la realidad.

El escudo de la realidad es una membrana protectora para tu propia percepción. Es la aplicación práctica de tu propio conatus spinoziano: tu sagrado derecho biológico y ético a perseverar en tu existencia, a mantener tu cordura, a validar tus propios sentimientos y a no permitir que nadie, por muy herido o traumatizado que esté, reescriba tu verdad.

A lo largo de este capítulo aprenderemos cómo se forja este escudo, cómo se responde a las provocaciones sin entregar tu energía y cómo se establecen límites naturales que protejan el ecosistema de la relación. Porque solo desde la seguridad de un "yo" fuerte y protegido, es posible intentar acompañar al otro sin perderte en el intento.

Guía de comunicación estratégica: el poder de la calma

Convivir con una persona con este perfil, o tener que gestionar un divorcio o una coparentalidad con ella, exige que te conviertas en un experto en comunicación estratégica. No puedes seguir utilizando las reglas de la comunicación humana ordinaria, porque su forma de percibir la situación, simplemente, no le permite traducir la realidad de esa manera.

Si intentas dialogar desde la empatía vulnerable en un momento de crisis, es probable que la situación se tense más. En esos instantes, su forma de percibir no busca el consenso, sino recuperar la seguridad. Por ello, la mejor estrategia para no desgastarte es evitar entrar en esa escalada defensiva.

El principio fundamental: nunca entrar en su campo de batalla emocional.

El pilar sobre el que se sostiene gran parte de tu estrategia de convivencia se resume en una regla fundamental: no participes en su escalada de tensión emocional.

Para entender la importancia de esta regla, debemos recordar que, la persona con este comportamiento tiene un impulso de supervivencia y superación, un deseo que lo domina, profundamente alterado y dañado. Al no poder generar seguridad basada en sus experiencias internas, necesita extraer la regulación del exterior. Depende de lo que denominaremos "suministro de reactividad emocional".

¿Qué es exactamente este suministro? Es cualquier reacción visceral que tú emitas y que le confirme que sigue teniendo poder sobre ti. Si en medio de una discusión logran que llores de desesperación, su creencia de superioridad se valida: «*Soy importante y puedo afectarla*». Si, por el contrario, logran que pierdas los nervios, grites y les insultes, también ganan, porque entonces pueden colocarse la máscara de víctimas: «*Mírala, es inestable, yo soy el lado racional de esta pareja*».

Cualquier pasión triste que expreses —miedo, ira, llanto, indignación o un intento desesperado por defenderte de acusaciones injustas— es asimilada por su mecanismo de defensa como una confirmación de que mantiene el control. Entrar a discutir en ese estado suele ser muy contraproducente, porque en ese momento de crisis, la otra persona carece de la regulación empática necesaria para llegar a un acuerdo constructivo.

Por lo tanto, la herramienta más eficaz es la neutralidad ante el síntoma. Debes sustituir el combustible emocional por una dieta aséptica que su ego no pueda utilizar en tu contra: lógica, hechos y responsabilidad.

Cuando te ataque con una mentira flagrante («*Nunca me apoyas en nada, eres un egoísta*»), tu instinto natural será saltar al campo de batalla para defender tu honor y enumerar todas las veces que le has apoyado. Si lo haces, le has entregado combustible. En su lugar, aplica la lógica desprovista de emoción: «*Lamento que tengas esa percepción. Y no voy a discutir sobre este punto*». *Fin del debate. Sin ira, sin lágrimas.* Al no recibir la reacción dramática esperada, su mecanismo defensivo se desorienta al no encontrar la fricción que buscaba.

Técnica clave 1: "Tu calma es tu poder" (La postura del faro)

Ejecutar este principio en la vida real es extremadamente difícil, porque tu cuerpo reaccionará biológicamente a las injusticias. Por eso, necesitas adoptar una postura mental específica.

Imagina a un negociador hablando con una persona desbordada y en crisis. El negociador no se toma los insultos como algo personal. No intenta darle lecciones de moralidad en ese momento. No llora ni suplica. Sabe que está tratando con alguien desconectado de la realidad pacífica. Por lo tanto, el negociador respira lento, baja el tono de voz, habla con frases cortas y claras, y mantiene un único objetivo: desactivar la tensión y mantenerse a salvo.

Tu calma es tu poder. Frente a la inestabilidad emociones, tu estabilidad de los afectos es tu escudo. Cuando empiece a alzar la voz o a distorsionar la realidad, visualízate a ti mismo como ese negociador manteniendo la neutralidad. Ralentiza tu respiración. No cruces los brazos a la defensiva;

relaja los hombros. Mantén una expresión facial neutra (está técnica se conoce como la "piedra gris": ser tan poco reactivo emocionalmente como una piedra).

Al mantener la calma, estás obligando a su percepción a registrar su propia desproporción. Si él está gritando y tú respondes con el tono de voz de quien lee la lista de la compra, le privas del escenario que necesita. La calma no es sumisión; es la forma más elevada de dominio sobre uno mismo.

Técnica clave 2: "El disco rayado"

El mecanismo de defensa narcisista es un maestro del ilusionismo verbal. Si le confrontas sobre un hecho concreto (por ejemplo, que no ha ido a recoger a los niños cuando era su turno), su instinto evitará asumir la responsabilidad. Intentará cambiar de tema, proyectará la culpa sobre ti, te atacará por un defecto no relacionado o se victimizará. Su objetivo es arrastrarte a un debate secundario para que olvides el límite que intentabas poner.

Para contrarrestar esta manipulación, la herramienta más eficaz es el "disco rayado". Consiste en elegir una sola frase corta, clara y que exprese tu límite, y repetirla exactamente igual, con tono neutro, sin importar las provocaciones que te lance para sacarte de tus casillas.

Veamos un ejemplo práctico:

— Tú (estableciendo el límite): «Necesito que me avises con antelación si no vas a recoger a los niños. Hoy han estado esperándote una hora solos.»

— Tu pareja (intentando desviar): «¡Estaba en una reunión crucial! Pero claro, a ti solo te importa lo tuyo porque siempre has sido una controladora obsesiva.»

— Tú (disco rayado, tono neutro): «Entiendo que estuvieras en una reunión, pero necesito que me avises con antelación si no vas a recoger a los niños.»

— Tu pareja (Escalando la agresión): "¿Sabes qué? Eres igual que tu madre, asfixiante. Por eso nadie te soporta".

— Tú (Disco rayado, respiración profunda): "No voy a discutir sobre mi familia. Como te he dicho, necesito que me avises con antelación si no puedes recoger a los niños".

Fíjate en la mecánica de esta técnica. No has validado su insulto defendiéndote. No te has puesto a llorar porque haya nombrado a tu madre. Has ignorado toda la basura emocional y te has mantenido anclado en la lógica y el hecho.

La repetición neutra desactiva su mecanismo defensivo porque le impide desviar la atención. Le obliga a enfrentarse reiteradamente al límite objetivo que has establecido.

A menudo, ante esta técnica, la persona se enfurecerá aún más al principio al ver que sus tácticas no funcionan (lo llamamos "extinción repentina"), y finalmente interrumpirá la interacción retirándose abruptamente del lugar. Si eso ocurre, la calma ha triunfado sobre el caos. Has protegido tu energía y has establecido tu límite.

El botiquín de emergencia verbal: límites tácticos y prácticos

Si hemos establecido que el principio fundamental de la convivencia es mantener la calma y no entrar en su campo de batalla emocional, la pregunta que surge a continuación es: ¿qué digo exactamente cuando me ataca?

Cuando tu sistema nervioso se enfrenta a la agresión, la proyección o una mentira, tu amígdala cerebral se enciende. Tu cuerpo entra en modo de lucha o huida. En esos momentos de alto estrés y secuestro emocional, la capacidad de tu corteza prefrontal —la parte del cerebro encargada del razonamiento lógico y la empatía— para funcionar de manera ejecutiva y racional se ve severamente bloqueada. Te quedas en blanco, tartamudeas, o cedes a la ira y reaccionas con agresividad, proporcionando el refuerzo emocional que el comportamiento del otro exige para sobrevivir.

Para evitar este secuestro de tu mente, no puedes depender de la improvisación. Te recomendamos que vayas preparado para la interacción. Necesitas lo que hemos bautizado como el "botiquín de emergencia verbal".

Este botiquín está compuesto por un conjunto de frases prefabricadas, asépticas y diseñadas para desarmar la manipulación, proteger tu seguridad y repeler la proyección. Estas frases no están pensadas para convencer a tu pareja, ni para educarle, ni para hacerle entrar en razón (recuerda que su procesador perceptual está averiado en ese momento y no asimilará tu verdad). Están diseñadas para poner una barrera protectora entre su comportamiento y tu identidad. Al tenerlas memorizadas, cuando la crisis ocurra, tu boca podrá pronunciarlas mecánicamente mientras tu mente gana tiempo para calmarse.

A continuación, desglosamos las cuatro situaciones críticas más comunes y los antídotos verbales:

1. Frente a la culpa: la desactivación de la proyección

Para esta estructura de personalidad, la vergüenza y el error generan una alta intolerancia. Asumir una responsabilidad se experimenta, a menudo, como un riesgo inasumible para su autoimagen. Por lo tanto, cuando las cosas salen mal (incluso en situaciones donde su responsabilidad es evidente), su mecanismo de defensa primario suele ser la proyección: coger la carga emocional que él no puede digerir y lanzártela a ti. Utilizará tácticas de luz de gas para reescribir la historia, retorcerá los argumentos y te presentará como el único culpable del desastre.

Tu instinto será defenderte y aportar pruebas lógicas: "*¡Pero si fuiste tú quien se olvidó de pagar la factura!*". Si haces eso, has caído en la trampa. Has aceptado debatir bajo los términos de su distorsión cognitiva.

La táctica verbal: *«Esa es tu percepción de la situación. No voy a entrar en un debate sobre de quién es la culpa».*

Por qué funciona: Al utilizar la palabra "percepción", estás ejerciendo un límite que exige coherencia, a la vez que muestras respeto por su forma de verlo. Es, por decirlo así, la sabiduría de Averroes en tu defensa. Le estás diciendo: *reconozco que tu mente procesa la realidad de esa manera, pero tu procesamiento no es la verdad universal.* Esta frase es un escudo. No le estás llamando mentiroso (lo cual desataría su furia defensiva), simplemente estás aislando su síntoma. Al negarte a debatir sobre la culpa, interrumpes el suministro de reactividad emocional que su mecanismo necesita. Tu pareja se queda sosteniendo su propia proyección emocional porque tú, de forma serena y aséptica, te has negado a recogerla.

2. Frente a insultos y descalificaciones: el espejo de la realidad

Cuando sienta que está perdiendo el control de la narrativa o que te alejas de su influencia, su sistema de alerta entrará en pánico, y ese pánico suele traducirse en devaluación. Intentará hacerte sentir diminuto para él poder sentirse mejor. Utilizará información confidencial que le diste en tus momentos de vulnerabilidad (cuando creías estar construyendo conocimiento familiar) y la utilizará de forma táctica para herirte. Te comparará con otras personas o criticará tu valía con una frialdad que te dejará sin aliento. Si lloras, se sentirá poderoso; si le devuelves el insulto, se sentirá justificado para castigarte aún más.

La táctica verbal: *«Eso es un insulto (o una comparación). No es productivo y no significa nada para mí. Yo no te insulto».*

Por qué funciona: Es táctica. Primero, etiquetas la conducta (*«Eso es un* *insulto*»), despojándola de su camuflaje, así no permites que pase por "una simple opinión". Segundo, dictaminas que «*no es productivo*», trasladando la conversación del mundo emocional al puramente pragmático. Y «*No significa nada para mí*». Al decir esto con voz neutra, estás nombrando tu creencia, y el hecho de escucharte decirlo también te calmará. Le demuestras que su palabra ha perdido la jurisdicción sobre tu identidad. Por último, al añadir «*Yo no te insulto*», estás marcando tu deseo ético sin arrogancia. Estás demostrando tu estabilidad de los afectos, tú no necesitas destruirlo para existir.

3. Afirmar derechos inalienables y la recuperación de la soberanía

La obsesión de una persona narcisista borra las fronteras interpersonales. Te considera una extensión de su propia mente y cuerpo, sintiendo que tiene derecho sobre tu atención y esfuerzo. Si estás descansando y él necesita quejarse sobre su jefe, exigirá tu atención. Si le dices que estás agotado, lo interpretará como alta traición e intentará convencerte de que eres "egoísta".

La táctica verbal: «*Mi tiempo y mi bienestar son un derecho innegociable*».

Por qué funciona: No estás pidiendo permiso («*Me gustaría descansar, si no te importa*»). La petición de permiso otorga al otro el poder de concederlo o denegarlo. Al usar la palabra "derecho innegociable", estás afirmando que tu propia existencia es la ley suprema de tu naturaleza, como hace todo animal. Al verbalizar esto, estableces un muro de contención. Le notificas a su percepción que tu cuerpo y tu tiempo te pertenecen en exclusiva y que esa jurisdicción no admite debate ni chantaje emocional.

4. Para salir del bloqueo o ataques de ira: la retirada innegociable

A pesar de que utilices todas estas técnicas a la perfección, habrá ocasiones en las que la extinción del comportamiento fracase. Al ver que no puede manipularte con la culpa ni los insultos, puede escalar hacia la ira violenta. Alzará la voz, se volverá amenazante o bloqueará las salidas de la habitación para obligarte a escuchar su monólogo. Su objetivo es someterte mediante el terror.

En este punto, la comunicación ha muerto. Estás ante un sistema nervioso desregulado en pleno ataque de pánico defensivo.

La táctica verbal: «*Esta conversación ha dejado de ser constructiva. No voy a seguir*». (Y procedes a abandonar físicamente la habitación o el recinto).

Por qué funciona: Esta es la barrera final de tu escudo de la realidad. Frente a la ira descontrolada, la única respuesta terapéutica y biológicamente sana es la extracción física. Al decir tu frase, te mantienes en tu rol aséptico de negociador. No le dices *"Eres un monstruo"*, simplemente cancelas la viabilidad de la interacción. Y la clave es la acción que sigue: marcharte. Retirar tu presencia física es la retirada del suministro. Es un acto de preservación. Le estás enseñando a través del condicionamiento operante básico, que los gritos y la pérdida de respeto tienen una consecuencia directa y neutralizadora para su conducta, la retirada inmediata de tu atención.

Llevar este botiquín de emergencia verbal siempre contigo es tu seguro de vida emocional. Al aprender a utilizar la asertividad objetiva, los hechos y los límites, dejas de ser susceptible a sus dinámicas de manipulación.

Estos límites no lo van a cambiar, puede que incluso se enfade de más, a él le gustaría que no hubiera límites. Lo que sí hacen es desactivar su capacidad para envenenar tu experiencia y tu creencia. Y, lo más importante, te aseguras de que, por intensa que sea la desregulación, tu identidad y estabilidad permanezcan a salvo.

Sobreviviendo al "bombardeo de amor": la resistencia ante el espejismo

Si has aplicado con éxito los límites del apartado anterior —si has mantenido la postura de negociador y has retirado tu reactividad mediante la calma—, es muy probable que te enfrentes a la siguiente fase del mecanismo defensivo. Cuando tu pareja percibe que la distancia o la frialdad no logran desestabilizarte, su necesidad de seguridad se activa. Al sentir que pierde el control del vínculo, es común que recurra a una dinámica compensatoria a la que se refieren comúnmente como bombardeo de amor o *love bombing.*

De repente, la tormenta desaparece como por arte de magia. La persona que ayer te hablaba con extrema frialdad, hoy se presenta en tu puerta con tu comida favorita, te envía mensajes kilométricos con «lo mucho que te ama» y «la conexión tan especial que compartís», o te hace promesas sobre el futuro. Se muestra vulnerable, llora y jura que va a cambiar.

Para ti, este cambio de guion produce un latigazo emocional. Tu cerebro, agotado por la tensión y hambriento de seguridad, anhela creer que esta muestra de afecto es la definitiva. Tu empatía natural te empuja a bajar la guardia. Sin embargo, debes comprender la cruda realidad anatómica de este fenómeno. En este punto, no está experimentando un despertar moral ni un remordimiento genuino; su síntoma está intentando "reiniciar" el ciclo mediante un afecto táctico.

Al verse privado de tu reactividad, su percepción de amenaza disminuye y, para recuperar la conexión, activa su empatía cognitiva. Sabe qué botones apretar y qué palabras necesitas escuchar para volver a conectar. Su objetivo automático no es construir un conocimiento familiar verdadero, sino aplicar una amnesia forzada. Quiere borrar el disco duro del dolor que te ha causado y volver a la casilla de salida. Es una especie de compensación emocional rápida. Si aceptas esta compensación sin filtros, la dinámica disfuncional volverá a empezar.

Para protegerte de este exceso de afecto, he diseñado un protocolo de defensa dividido en 3 fases de contención:

Fase 1: El escudo (la respuesta neutra)

Cuando despliega su bombardeo de amor, tu instinto te dictará dos reacciones: o bien rechazar el gesto con furia («*¡Ayer me trataste fatal, no quiero tus flores!*»), o bien ceder emocionalmente y perdonarlo todo. Ambas reacciones te desprotegen. Si reaccionas con furia, le entregas reactividad y su mecanismo se colocará la máscara de víctima, acusándote de ser rencoroso. Si cedes emocionalmente, le enseñas que puede vulnerar los límites personales siempre que después lo compense con un refuerzo positivo.

La primera fase exige que levantes tu escudo. Consiste en reconocer el gesto desde una cortesía aséptica y diplomática.

La táctica verbal: «*Te agradezco el gesto*», o «*Gracias por tus palabras*». Al utilizar esta respuesta, te conviertes en una pared. Eres educado (por lo que no le das motivos para acusarte de hostilidad), pero eres claro, no se pasa por ahí. No alimentas la escalada romántica. Tu estabilidad de los afectos se mantiene intacta frente a su intento de desestabilizarte con dulzura.

Fase 2: El puente a la realidad (la memoria insobornable)

El núcleo de esta fase es la exigencia implícita de que, a cambio de su muestra de cariño actual, tú debes borrar el conflicto pasado. Pero tú no puedes permitirte perder la memoria, porque tu memoria es tu experiencia real, el cimiento de tu salud mental. Debes llevar la interacción a la realidad objetiva.

La táctica verbal: «*Aprecio tu amabilidad ahora, pero lo que pasó ayer sigue sin resolverse*». Con esta frase, aplicas fuerza terapéutica. Le estás comunicando a su sistema nervioso: «*Mi percepción de la realidad no está a la venta. Puedo ver tu intento de ser agradable, pero mi mente sigue registrando el daño*». Estás impidiendo el "reinicio" automático del ciclo. Tu pareja se dará cuenta de que su mecanismo ha dejado de funcionar, porque ya no estás dispuesto a sacrificar tu coherencia interna por una falsa paz.

Fase 3: La reafirmación del límite (la fortaleza final)

La última línea de defensa consiste en vincular la realidad del pasado con la protección de tu futuro. La fase de idealización compensatoria está diseñada para difuminar tus límites; busca convencerte cognitivamente de que, como 'en el fondo tiene buenas intenciones', puedes relajar tu firmeza.

La táctica verbal: «*Agradezco tu cariño, pero mi decisión de no tolerar faltas de respeto es firme*». Aquí se consuma tu firmeza. Demuestras que tus límites son independientes de su estado de ánimo. Ya sea que te alce la voz o te recite poesía, tu límite se realiza en la relación. Al mantener esta coherencia, estás protegiendo tú identidad.

Qué evitar a toda costa: las trampas biológicas y psicológicas

Para que este protocolo funcione, debes estar alerta ante tres trampas que tu propio cerebro intentará tenderte en esta fase:

Ceder al contacto físico no deseado: La biología es más fuerte que la lógica. Un abrazo segrega oxitocina (la hormona del vínculo). El contacto físico se salta la barrera racional. Si cedes cuando aún hay un conflicto latente, tu cuerpo traicionará a tu mente y la química borrará temporalmente el recuerdo del dolor. Debes mantener tu espacio físico para conservar tu claridad perceptiva.

Caer en la "nostalgia trampa": Intentará recordarte los "buenos tiempos" del inicio. Tu mente querrá creer que la actitud gélida de ayer fue solo una "mala racha", y que la persona encantadora de hoy es su "verdadero yo". Esto es un error perceptivo. Nuestra terapia nos enseña a mirar la estructura: el "verdadero yo" del comportamiento no tratado es precisamente esa alternancia entre el alejamiento defensivo y la seducción. No sientas nostalgia por un espejismo.

Aceptar el afecto superficial como una disculpa real: Como vimos antes, la curación requiere la aparición del remordimiento funcional. Una disculpa genuina asume la responsabilidad total, reconoce el dolor causado (empatía afectiva) y presenta un cambio sostenido. El bombardeo de amor carece de esto, es solo un derroche de afecto superficial destinado a tapar el agujero.

No confundas un regalo o unas lágrimas con un acto de reparación.

Gestionar esta fase exige de ti madurez. Requiere tener experiencias reflexionadas y aceptadas, para reconocer el afecto, y la actitud de frenarlo. Al aplicar este protocolo, dejas de funcionar en piloto automático, para crear un aprendizaje decidido por ti, que se hará más seguro cuanto más lo realices.

Autopreservación y desapego con amor

Llegamos a la estación final, la más trascendental de este viaje. Tienes las herramientas para no ser arrastrado por su inestabilidad. Sin embargo, tener las herramientas para gestionar una dinámica de alta tensión no significa que debas utilizarlas siempre.

Existe una trampa final en la que caen casi todas las personas de naturaleza empática que conviven con este perfil. Es una trampa con las mejores intenciones del corazón humano, pero que desgasta. Esa trampa se llama el "complejo del salvador".

A lo largo de este libro, te he mostrado la herida que se esconde bajo la máscara de tu pareja o familiar. Te he explicado cómo su neurobiología está alterada y cómo vive esclavizado por el terror a la insuficiencia. Al comprender esto, tu empatía despierta. Ves el miedo real detrás de esa persona. Y entonces, tu mente forma una creencia: «*Si yo lo amo lo suficiente, si tengo la paciencia infinita que sus padres no le tuvieron, podré sanar su herida. Mi amor será su cura*».

Debo ser claro contigo para poder cuidarte. Debes aceptar que tú no eres su terapeuta, no puedes curar su trastorno, y tu amor, por muy inmenso, puro y sacrificado que sea, no lo va a cambiar a él.

La diferencia entre la intervención profesional y el vínculo de pareja

Para comprender por qué tu afecto no puede modificar su estructura defensiva, es necesario diferenciar entre el funcionamiento de un vínculo de pareja y la función de una relación profesional como terapeuta.

El espacio profesional: El psicólogo interviene desde un entorno controlado. Dispone de distancia objetiva, límites temporales estrictos (una sesión bisemanal) y no comparte interdependencia económica, familiar ni física con la persona. Cuando el individuo activa la proyección o la grandiosidad en la consulta, el sistema nervioso del profesional no experimenta una amenaza directa a su propia estabilidad; procesa esa reactividad exclusivamente como información que describir y analizar.

El espacio de la pareja: Tu posición, por el contrario, se sitúa en un contexto de interacción y dependencia mutua. No es posible aplicar técnicas de reestructuración mientras experimentas, de manera simultánea, las consecuencias directas de su desregulación. Cuando su procesamiento cognitivo distorsiona la realidad, esa alteración incide directamente sobre tu vida diaria, tu tranquilidad afectiva y tu seguridad básica.

Al intentar adoptar la función de terapeuta, asumes una carga de procesamiento emocional que excede los límites de un vínculo afectivo. Te enfrentas a un patrón estructural rígido que requiere una modificación de tus formas aprendidas de percibir, un proceso que exige un tratamiento especializado y continuado. La expectativa de que el refuerzo positivo, la tolerancia extrema o la argumentación lógica modificarán su procesamiento carece de base empírica y únicamente generará desgaste físico y psicológico para ti.

El afecto externo no constituye un estímulo suficiente para reconfigurar las vías neuronales de un sistema de alerta alterado. Al contrario: al sostener permanentemente la adaptación a sus demandas, te conviertes en su regulador externo principal. Al compensar tú las consecuencias de su reactividad, eliminar la incomodidad es indispensable para que la persona reconozca la necesidad de buscar ayuda especializada. En términos de Spinoza, tu sobreesfuerzo le proporciona la homeostasis que su mecanismo defensivo requiere para mantenerse inalterado.

El desapego con amor

Aceptar que no puedes curarle significa que puedes dejar de odiarle. El odio es una tristeza que te mantiene psicológicamente anclado y dependiente de la persona que detestas. La verdadera liberación no llega con el rechazo furioso, sino con la práctica del desapego con amor.

¿Qué significa desapegarse con amor? Significa mirar a esa persona a los ojos, reconocer el profundo dolor que vive, desearle genuinamente que encuentre el camino hacia una mejor vida en un espacio terapéutico y dar un paso atrás y salir de su vida.

Desapegarse con amor es decir (ya sea en voz alta o en el silencio): *«Veo tu sufrimiento y lamento que no sepas relacionarte de otra manera. Te amo por el potencial que vi en ti, pero devuelvo la responsabilidad de tu bienestar a tus propias manos. Yo no puedo ser tu medicina si el precio a pagar es mi propio desgaste».*

Este acto requiere atravesar un duelo. No solo lloras por la relación que cambia drásticamente o termina; lloras por la pérdida de la ilusión. Lloras por la fantasía de lo que "podría haber sido". Pero este duelo es bueno. El proceso de duelo procesa la disonancia cognitiva, retirando el filtro del autoengaño y permitiéndote ver la realidad como es, no como tú deseabas que fuera.

Al desapegarte, dejas de intentar explicarle cómo te sientes. Dejas de enviarle artículos de psicología para que "se dé cuenta". Simplemente, aceptas que su forma de percibir la realidad es diferente, y dejas de exigirle una empatía que, en ese momento, no puede ofrecerte.

Límites de autopreservación y ética

Llegamos así al concepto central de tu propia existencia: la distancia entre acompañar al otro y perjudicarte a ti mismo. ¿Dónde se dibuja esa línea?

La ética nos da la respuesta. La virtud y la obligación ética de cualquier ser vivo es proteger y expandir su capacidad de sobrevivir. Esto es, su potencia de existir, su capacidad de perseverar en la vida, de pensar y de actuar. Todo aquello que aumenta tu potencia de existir es bueno. Todo aquello que te disminuye, te entristece, te confunde y te enferma es malo.

A esto le llamo *conatus*, y es, lo sagrado. Es el motor biológico primordial de tu existencia. Cuando acompañas a alguien en una enfermedad física o una depresión, el acompañamiento es duro, requiere sacrificio y genera cansancio, pero tu identidad no se desintegra. Hay un flujo de reconocimiento y un vínculo de afecto mutuo.

Tu *conatus*, aunque cansado, logra expandirse gracias a la reciprocidad y al afecto genuino del vínculo. Pero cuando te sientes dentro de una relación que te somete a ciclos de devaluación, distorsión de la realidad y aislamiento, tu *conatus* no se está esforzando, está sufriendo un desgaste .

La relación no te exige un sacrificio sano, te exige un desgaste insostenible. Te exige que dudes de tu propia cordura y que silencies tus necesidades.

Ese es el límite. En el momento en que tu capacidad para sentir alegría por las cosas pequeñas desaparece, tu cuerpo enferma físicamente (insomnio, caída del cabello, problemas digestivos o ansiedad crónica) por la tensión sostenida. Si tienes que medir cuidadosamente cada una de tus palabras para no provocar una crisis... el límite ha sido traspasado.

En ese punto, la autopreservación ya no es una opción, es un imperativo ético. Tienes la obligación moral, contigo mismo y con la vida, de protegerte. Permanecer en una situación que debilita tu mente con la excusa del "amor incondicional" no es amar; es un martirio inútil. El amor maduro no exige que renuncies a tu propia identidad.

Aceptar esta realidad es un acto de valentía. Significa recoger todas las herramientas, la compasión, la paciencia y el amor que estabas vertiendo en intentar cambiar una estructura inamovible, y redirigir toda esa fuerza hacia ti mismo.

Terapia espinosa concluye este capítulo devolviéndote la mirada. Has pasado años escaneando la mente de tu pareja, intentando predecir sus humores, leyendo sobre su comportamiento y justificando sus actos. Ahora, el foco se apaga sobre él y se enciende sobre ti.

Es hora de reparar tu propia percepción, dañada por los años de distorsión relacional. Tienes que volver a aprender a confiar en tu intuición. Tienes que redescubrir lo que te gusta, lo que te hace reír, lo que te aporta seguridad. Tienes que dejar de ser el satélite que orbita el síntoma ajeno, para volver a convertirte en tu propio centro de gravedad.

La autopreservación es el renacimiento de tu experiencia, tu creencia y tu deseo. Te despides del complejo del salvador no con amargura, sino con la sabiduría del que ha comprendido la naturaleza mecánica de este problema. Entregas al otro a su propio destino y al trabajo de sus terapeutas, mientras tú, herido pero sabio y libre, das el primer paso hacia otro día, reclamando tu derecho a existir y estar a salvo.

CONCLUSIÓN: Tu vida con autenticidad

Recapitulación general del viaje a través del modelo humanista de los 6 sentimientos de *Terapia Espinosa*

Querido lector, hemos recorrido un doloroso camino. Comenzamos nuestra travesía asomándonos a las aguas quietas del estanque de Narciso, comprendiendo por fin que su historia no era un relato superficial sobre el exceso de vanidad o el amor propio desmedido, sino la tragedia de un ser humano que, al ser incapaz de conocerse y amarse a sí mismo en su vulnerabilidad, se quedó trágicamente atrapado en la adoración de un espejismo.

A lo largo de estas páginas, hemos desgranado los mitos culturales que caricaturizan este sufrimiento. Hemos viajado a través de la matriz biopsicosocial, explorando las cicatrices de tu infancia, la trampa de la sobreprotección y la atrofia neurobiológica de la empatía. Y, sobre todo, hemos navegado por las aguas turbulentas de la consulta y de las relaciones íntimas, armados con la lucidez de dos gigantes del pensamiento: la física de las emociones de Baruch Spinoza y la psicología perceptiva de Averroes.

Si algo espero de corazón que te lleves grabado tras cerrar este libro, es la convicción de que el comportamiento narcisista no es una sentencia genética.

Es, desde nuestra metáfora, una armadura de titanio, pesada y asfixiante, que un individuo se vio obligado a forjar para proteger un *conatus* —un impulso de vida— aterrorizado. Un sistema nervioso que, en algún momento de su desarrollo, codificó la creencia desadaptativa de que ser ordinario e imperfecto equivalía a la pérdida del vínculo y del afecto.

Para desarticular esa armadura, reestructurar el sesgo perceptivo que nos hace decodificar amenazas donde hay intentos de conexión, y caminar hacia una recuperación coherente, hemos trazado un mapa. Un mapa basado en la brújula de lo que nos hace verdaderamente humanos: los 6 Sentimientos de Terapia Espinosa.

Recordemos por última vez los puntos cardinales de este viaje de regreso a la vida:

1. La Experiencia (El ancla de la verdad somática): Es el descenso al sótano del cuerpo. Sanar la experiencia significa dejar de huir de la angustia mediante la proyección, la ira o el desprecio, para tener una sensación física sin filtro. Es localizar el nudo en la garganta y la presión en el pecho, aceptando que ese dolor primitivo pertenece a nuestras heridas pasadas, no a las supuestas ofensas del presente. Es el primer paso para dejar de exigirle al mundo que calme nuestro propio terror.

2. La Creencia (La demolición del búnker): Es la renuncia voluntaria al delirio. Significa desmantelar la *creencia* de la sobreestimación, ya sea desde la grandiosidad arrogante o desde el victimismo crónico. Una creencia sana se basa en la aceptación radical de la realidad: descubrimos con alivio que somos valiosos, dignos y completos simplemente por el hecho de ser humanos, y que no necesitamos ser superiores, intocables o perfectos para tener derecho a existir.

3. El Deseo (El motor de la conexión): Sanar el deseo implica dejar de utilizar a los demás como espejos y abandonar la adicción al "combustible emocional" y a la validación externa. Cuando dejamos de necesitar la validación constante, nuestro impulso vital se regula y empieza a orientarse hacia lo que de verdad lo fortalece: la curiosidad genuina, el propósito compartido y la intimidad con el mundo.

4. El Conocimiento familiar (El salto de la vulnerabilidad): Es el fin de la obra de teatro. Es la capacidad de bajar nuestras defensas de manera consciente y permitir que otra persona nos vea sin filtros, de forma genuina y natural. Es mirar a los ojos a nuestra pareja y ver a un compañero de vida, no a un espectador al que hay que deslumbrar o someter. Es la empatía afectiva renaciendo a través de la vergüenza compartida.

5. La Estabilidad de los afectos (La paz en la constancia): Es el ancla en la tormenta. Es superar el pánico a la inmediatez y la adicción a la atención constante. Al curar este sentimiento, aprendemos a tolerar la separación, el silencio y la disidencia del otro sin que nuestro procesador perceptual lo traduzca como un abandono o un ataque. Nos convertimos en un puerto seguro, capaces de dar y recibir amor sin el chantaje emocional.

6. El conocimiento experto (La alegría de "estar contento"): Es la cumbre de nuestra montaña. Es la emancipación de las pasiones tristes de la envidia, la soberbia y la competitividad de suma cero. Aquí comprendemos, que la brillantez y la sabiduría del otro no nos empequeñecen, sino que nos enriquecen. Alcanzamos por fin ese estado, libre y sereno de "estar contentos", celebrando nuestra propia humanidad y la de nuestros semejantes.

Desde la perspectiva que hemos defendido a lo largo de este libro, el ser humano es un sujeto percipiente en constante evolución. Tienes en tu biología, en tu plasticidad cerebral y en tu voluntad la capacidad de sanar. El cambio psicológico coherente no es un milagro instantáneo; es un trabajo de artesanía diaria. Se desactivará la actitud defensiva y, al principio, experimentarás la alta vulnerabilidad somática de enfrentarte a la realidad sin el filtro de la sobreestimación. Habrá días de agotamiento en los que el antiguo impulso de protegerte mediante la grandiosidad, o de atacar para no sentirte vulnerable, se reactivará con gran intensidad.

Cuando eso ocurra, no te castigues. Detente. Utiliza las herramientas que has aprendido. Observa tu forma de percibir el momento, reconoce el miedo o el enfado que intentan dominarte, respira y recuerda tu nueva verdad: ya no necesitas defenderte. Sobreviviste al pasado; hoy estás a salvo.

Durante demasiado tiempo, la cultura popular, las redes sociales e incluso ciertos sectores de la psicología más estática han arrojado la toalla frente al trastorno narcisista de la personalidad. Han construido un relato fatalista que dicta que quien desarrolla esta estructura está condenado a ser un depredador emocional de por vida, un monstruo irredimible incapaz de cambiar, destinado a vagar por el mundo destruyendo vínculos y muriendo en soledad. Esa visión no solo es científicamente inexacta; es humanísticamente desoladora.

La neurobiología moderna nos ha demostrado la maravillosa plasticidad de nuestro cerebro. La materia gris puede regenerarse, las rutas neuronales pueden reescribirse y las respuestas automáticas pueden ser reeducadas. Pero, más allá de la biología, este trabajo propone que cuando el comportamiento humano es confrontado con verdad y compasión, el cambio en la percepción a largo plazo es posible.

La curación es posible, y el mapa para alcanzarla ha sido desplegado ante ti.

El primer paso de este cambio saludable ocurre al reordenar la percepción alterada. Como nos enseñó el sabio Averroes hace casi mil años, nuestro "sentido común" es el procesador que construye nuestra realidad. El individuo narcisista habitaba en un estado de amenaza crónica generado por sus propios sesgos, un entorno cognitivo donde cada silencio era decodificado como un abandono, cada crítica un ataque y cada persona era un competidor al que había que aplastar.

Al limpiar esa lente perceptiva mediante el arduo trabajo terapéutico, la persona despierta de una pesadilla que ha durado décadas. Descubre con un alivio que le arranca lágrimas de los ojos que el mundo no estaba conspirando en su contra. Descubre que no necesita estar en alerta máxima las veinticuatro horas del día. Al curar la percepción, el otro deja de ser una amenaza y se convierte, por fin, en un semejante. La paranoia se disuelve, dando paso a la tranquilidad de la vida ordinaria.

El segundo cambio ocurre al aprender a dominar las pasiones tristes de la vanidad. Baruch Spinoza, con su física de los afectos, evidenció que la gran mentira de la estructura narcisista insiste en la creencia de que el poder reside en la superioridad, en el control y en la admiración ajena. El narcisista cree ser un rey, pero algunas sensaciones le hacen verse miserable, encadenado al aplauso de un público sin rostro, aterrorizado por la vejez, por el fracaso y por el talento ajeno.

Cambiar estos comportamientos significa romper ese aprendizaje. Al renunciar a la sobreestimación, el individuo libera su *conatus* —su capacidad y deseo de existir— del control de la idea que tiene de sí mismo. Ya no necesita que lo admiren para saber que está vivo. Y es en ese instante de rendición, al soltar la pesada carga de tener que ser "el mejor algo", cuando el sujeto experimenta un momento de aceptación.

Aceptarse no es la euforia del éxito superficial; es una alegría silenciosa. Es la paz de quien puede sentarse en una mesa, escuchar a alguien más inteligente que él y, en lugar de sentir envidia, sentir gratitud por el aprendizaje. Es la libertad de quien puede cometer un error, pedir perdón y dormir tranquilo.

Y así, llegamos al final de nuestro viaje. Hemos estructurado nuestra identidad bajo la falsa premisa de que la seguridad consistía en la invulnerabilidad, en negar la interdependencia y en bloquear cualquier estímulo afectivo que pudiera generar dolor. Pero *Terapia Espinosa* da la vuelta a este paradigma destructivo.

Descubrimos que la verdad, la belleza y la libertad humana se encuentran en el coraje de **ser vulnerables**. Se requiere mucha más fuerza para admitir el miedo que para fingir arrogancia. Se requiere mucha más valentía para amar sabiendo que puedes ser herido, que para esconderte detrás de una máscara de frialdad y desprecio.

La sanación del vacío narcisista es, en esencia, el regreso a la comunión con el mundo. Es abandonar el aislamiento defensivo de la grandiosidad, para integrarse activamente en la complejidad cálida e imperfecta de las relaciones humanas. Es aceptar que compartimos la misma vulnerabilidad biológica que los demás, y que es precisamente a través del reconocimiento de nuestras fracturas humanas como se posibilita la conexión auténtica.

El estanque de Narciso se ha secado, revelando que nunca hubo una entidad superior en el reflejo, sino un individuo desregulado buscando seguridad afectiva.

El mecanismo de simulación ha sido desarticulado. La estructura defensiva ha cedido.

A ti, que has sobrevivido al huracán y hoy reclamas tu derecho a existir en paz:

Mira hacia el futuro con esperanza. Has recuperado el centro de gravedad de tu propia vida.

A ti, que hoy decides bajar tu escudo para empezar a vivir:

Frente a ti ya no hay un guion que memorizar ni un personaje que defender. Tu vida vuelve a estar en blanco. Píntala con vulnerabilidad. El telón de la falsedad ha caído.

Frente a ti se extiende tu propia existencia, limpia de sombras. Tu vida, que durante tanto tiempo estuvo manchada por la sobreestimación y el miedo, ha sido lavada por la verdad. Ahora está expectante de posibilidades, esperando recuperar el color.

Glosario de términos.

Fundamentos Filosóficos y Epistemológicos.

1. Averroes

Más allá de su inmenso peso histórico como erudito medieval, la figura de Averroes (Ibn Rushd) es importante para la psicología moderna porque fue el primer psicólogo en describir la lógica de la estructura de la mente, incluyendo la influencia del entorno en esta. Anticipándose a la sociología contemporánea, su concepto del "Intelecto" demuestra que el comportamiento humano no procesa la realidad en el vacío, sino que sufre una "contaminación perceptiva" constante por las narrativas sociales. Entender a Averroes permite comprender cómo el condicionamiento cultural y el trauma actúan como un "motor" externo que secuestra nuestra capacidad de pensar libremente, un fenómeno hoy respaldado por la psicología social y los estudios sobre la persuasión masiva.

Referencia técnica: Averroes (Ibn Rushd). *Gran Comentario al "De Anima" de Aristóteles.* (Trad. Salvador Gómez Nogales). Esta obra es fundamental para la comprensión del "Intelecto" y el "Sentido Común" (*sensus communis*) como procesadores de la identidad a través de la percepción empírica.

2. Spinoza

Baruch Spinoza es el creador de la física matemática de las emociones, en su *Ética* describió minuciosamente las relaciones lógicas de las emociones en las personas y su relevancia clínica actual es incalculable. Neurocientíficos modernos, como Antonio Damasio (En busca de Spinoza), han demostrado en laboratorios lo que este filósofo dedujo en el siglo XVII. Para Spinoza mente y cuerpo son la misma sustancia, y las emociones son estados fisiológicos orientados a la supervivencia. Utilizar a Spinoza en terapia permite abandonar la idea de que los trastornos de personalidad son "maldades misteriosas". En su lugar, el narcisismo o la codependencia se piensan como errores mecánicos en el cálculo de la existencia, donde la persona está minorizada por "pasiones tristes" que disminuyen biológicamente su salud y capacidad de comportarse.

Referencia técnica: Spinoza, B. (1677). *Ética demostrada según el orden geométrico.* / Damasio, A. (2003). *En busca de Spinoza: Neurobiología de la emoción y los sentimientos.* Editorial Crítica. (Damasio demuestra en el ámbito de la neurociencia moderna cómo las intuiciones de Spinoza sobre que la mente y el cuerpo son una sola sustancia son biológicamente verificables).

3. Epistemología. (y Terapia de Esquemas)

La epistemología es una cuestión de supervivencia psicológica. Es el estudio de cómo un ser humano adquiere, procesa y valida aquello que cree saber de sí mismo y del entorno. La Terapia Cognitivo-Conductual y la Terapia de Esquemas se basan fundamentalmente en la epistemología aplicada de enseñar a la persona a someter a juicio sus pensamientos automáticos. Gran parte del trauma por abuso narcisista se sostiene sobre "realidades-ficción" y luz de gas (*gaslighting*). El trabajo epistemológico ayuda a la salud de las víctimas al dotarlas de un método objetivo para desmantelar falsas narrativas, obligando a la mente a formar conceptos y posteriormente comportamientos basados en la evidencia empírica y no en la manipulación.

Referencia técnica: Young, J. E., Klosko, J. S., & Weishaar, M. E. (2003). *Schema Therapy: A Practitioner's Guide.* Guilford Press. (Base clínica sobre cómo se forman, mantienen y desarticulan las creencias-raíz o esquemas desadaptativos tempranos).

4. Sujeto

El sujeto no constituye una entidad sustancial preexistente ni constituye un comportamiento inmutable, consiste en el resultado dinámico y continuo del procesamiento perceptivo y cognitivo. Desde la epistemología de Averroes, el sujeto es inmanente a la percepción ("la percepción es el sujeto"). En neurociencia contemporánea, esta continuidad de la identidad se correlaciona con la actividad de la Red Neuronal por Defecto (DMN), la cual integra estímulos somáticos, memoria episódica y alteraciones del entorno para mantener una narrativa coherente del individuo.

Referencia técnica: Raichle, M. E. (2015). The brain's default mode network. Annual Review of Neuroscience, 38, 433-447. / Averroes (Ibn Rushd). Gran Comentario al "De Anima" de Aristóteles.

5. Mundo

El conjunto de estímulos ambientales, sociales y culturales con los que el organismo interactúa biológica y psicológicamente. En perfiles con alta carga alostática o trauma temprano, el entorno no se procesa de forma neutra; la hiperactivación de la amígdala lo decodifica sistemáticamente como un estímulo aversivo u hostil. Esta alteración en el procesamiento (sesgo de hostilidad) impide la conducta de aproximación pro-social y fuerza al organismo a respuestas crónicas de defensa.

Referencia técnica: Bronfenbrenner, U. (1979). The Ecology of Human Development. Harvard University Press.

6. Percepción (procesamiento predictivo)

La percepción es el filtro primario de la mente humana. La neuropsicología, a través de la teoría del "procesamiento predictivo", demuestra que el cerebro anticipa y traduce el mundo basándose en experiencias pasadas para ahorrar energía. Cuando la percepción está condicionada por el trauma, la persona traduce un gesto de amor sincero, un límite sano o un silencio como una amenaza.

Para promover un cambio psicológico saludable se exige asumir la falibilidad de la percepción humana, por eso la persona ayudada debe de comprometerse a reeducar lo que siente, reflexionar sobre lo que le genera emociones y enfrentarlo en acontecimientos reales.

Referencia técnica: Clark, A. (2013). *Whatever next? Predictive brains, situated agents, and the future of cognitive science.* Behavioral and Brain Sciences, 36(3), 181-204. (Estudio clave sobre cómo el cerebro no "ve" la realidad de forma pasiva, sino que anticipa y proyecta basándose en experiencias y traumas previos).

7. Realidad

Conjunto de hechos tangibles, conductuales y empíricamente demostrables, independientes de la decodificación subjetiva o la distorsión cognitiva del individuo. En psicopatología, la "prueba de realidad" (reality testing) es la capacidad del sistema nervioso para distinguir entre los estímulos externos reales y las proyecciones o alteraciones internas generadas por los mecanismos de defensa.

Referencia técnica: Beck, A. T., Davis, D. D., & Freeman, A. (2015). Cognitive Therapy of Personality Disorders. Guilford Publications.

8. Experiencia(s) (Trauma somático)

La experiencia constituye la materia prima somática de la mente. La ciencia del trauma (respaldada por especialistas como Bessel van der Kolk) ha demostrado empíricamente que el sufrimiento grave no se almacena solo como un recuerdo en la percepción, sino que "el cuerpo lleva la cuenta". La experiencia es el impacto crudo que altera el sistema nervioso autónomo en el momento del choque con el entorno. Un cambio positivo exige que la persona deje de intelectualizar o disociarse de su malestar, aprendiendo a habitar esa sensación física desnuda (la presión en el pecho, la taquicardia) para permitir que el sistema biológico procese y libere la respuesta de supervivencia bloqueada.

Referencia técnica: Van der Kolk, B. A. (2014). *The Body Keeps the Score: Brain, Mind, and Body in the Healing of Trauma*. Viking Press. (Evidencia clínica fundamental de cómo el trauma y la negligencia infantil no se almacenan solo como recuerdos cognitivos, sino que alteran el sistema nervioso autónomo).

9. Creencia(s)

Estructuras neurocognitivas (esquemas) consolidadas a través del aprendizaje asociativo, que el cerebro utiliza para decodificar, predecir y categorizar la información del entorno. En psicopatología de la personalidad, las creencias desadaptativas tempranas presentan una alta inflexibilidad cognitiva, son resistentes a la nueva evidencia empírica y fuerzan la asimilación sesgada de la realidad para evitar la disonancia cognitiva, y preservar la homeostasis del síntoma.

Referencia técnica: Young, J. E., Klosko, J. S., & Weishaar, M. E. (2003). Schema Therapy: A Practitioner's Guide. Guilford Press.

10. Disonancia Cognitiva

La fuerte tensión psicológica que experimenta una persona cuando sus creencias (por ejemplo, "soy excepcional y superior") entran en conflicto directo con la realidad objetiva (un fracaso, un rechazo o un límite puesto por su pareja). Para la mente defensiva, esta fricción es insoportable, lo que desencadena mecanismos de negación o proyección para restaurar su forma de percibir dominante.

Referencia técnica: Festinger, L. (1957). A Theory of Cognitive Dissonance. Stanford University Press. (Obra fundacional que explica la angustia psicológica que experimenta el ser humano cuando sus creencias y autoimagen entran en conflicto directo con sus acciones o la evidencia externa).

11. Deseo(s)

Neurobiológicamente, el deseo es la motivación de aproximación regulada principalmente por el sistema dopaminérgico mesolímbico. Filosóficamente, representa la expresión consciente del *conatus* de Spinoza. En la patología narcisista, este sistema de incentivo se encuentra desregulado: el comportamiento se orienta de forma compulsiva hacia la validación externa y la dominancia social, inhibiendo significativamente la motivación afiliativa (la cual está mediada por circuitos de oxitocina y opiáceos endógenos).

Referencia técnica: Berridge, K. C., & Kringelbach, M. L. (2015). Pleasure systems in the brain. Neuron, 86(3), 646-664. / Spinoza, B. (1677). *Ética*, Parte III.

12. Conatus

Este principio clave de la filosofía de Spinoza encuentra su traducción en la biología evolutiva moderna bajo el concepto de "homeostasis", que consiste en el impulso biológico codificado en todo organismo por mantener su equilibrio, perseverar en su existencia y evitar la muerte. Entender el *conatus* desmitifica el concepto de la "maldad pura" en los trastornos mentales. Demuestra que incluso el comportamiento más destructivo, arrogante o manipulador es, en su raíz neurobiológica, un intento trágico y desadaptativo del individuo por protegerse de la angustia. Este enfoque permite sustituir la moralina y el juicio destructivo por eficacia terapéutica y compasiva.

13. Homeostasis

El concepto de la biología moderna que equivale al *conatus* de Spinoza. Es la tendencia de todo organismo vivo a mantener su equilibrio interno y su supervivencia frente a los cambios del entorno. En psicoterapia, un cambio positivo implica dejar de buscar esta homeostasis mediante el control de los demás y aprender a regularse a través de la aceptación y la conexión auténtica.

Referencia técnica: Damasio, A. (2010). Self Comes to Mind: Constructing the Conscious Brain. Pantheon Books. (Damasio vincula directamente el concepto biológico moderno de homeostasis celular y neurológica con el *conatus* postulado por Spinoza).

14. Pasiones

Estado afectivo en el que el individuo se experimenta como sujeto pasivo frente a determinaciones externas. Clínicamente, se traduce como la desregulación emocional o hiperactivación límbica, donde el control inhibitorio de la corteza prefrontal disminuye. Spinoza define las "pasiones tristes" como aquellos afectos (odio, envidia, soberbia) que reducen la potencia de actuar del organismo, manteniéndolo en respuestas que se corresponden con comportamientos reactivos.

Referencia técnica: Spinoza, B. (1677). *Ética*, Parte III. / Gross, J. J. (2015). Emotion Regulation: Current Status and Future Prospects. Psychological Inquiry, 26(1), 1-26.

15. Sobreestimación / Grandiosidad

Sesgo cognitivo y afectivo en el que el individuo evalúa sus capacidades, valor o estatus de manera significativamente superior a la evidencia empírica. Identificada por Spinoza como una alteración perceptiva nacida de la ignorancia de las causas reales. Psiquiátricamente (grandiosidad), opera como un mecanismo compensatorio frente a déficits estructurales de identidad y frente a sentimientos subyacentes de vergüenza e inferioridad.

Referencia técnica: Spinoza, B. (1677). *Ética*, Parte III, Prop. 26. / Ronningstam, E. (2005). Identifying and Understanding the Narcissistic Personality. Oxford University Press.

Arquitectura de la Patología y Neurobiología del comportamiento

16. Narcisista / Narcisismo

El narcisismo patológico no constituye una sentencia genética de maldad, sino una creencia aislada de su experiencia, desarrollada por un instinto de supervivencia aterrorizado. En psiquiatría, el trastorno narcisista de la personalidad se define por una escisión trágica: una empatía cognitiva hipertrofiada (la capacidad de leer mentes para predecir y manipular) frente a un déficit severo de empatía afectiva. El individuo vive asfixiado por la necesidad compulsiva de someter al entorno para validar la imagen de sí mismo, huyendo constantemente del pánico a enfrentarse a su propio vacío interior y a una vergüenza inprocesable.

Referencia técnica: American Psychiatric Association. (2013). *Diagnostic* *and statistical manual of mental disorders (5th ed.).* / Kernberg, O. F. (1975). *Borderline Conditions and Pathological Narcissism.* Jason Aronson. (Para la comprensión de la escisión y la grandiosidad defensiva frente a la vulnerabilidad).

17. Prevalencia Clínica del TNP vs. Ecosistema Cultural (PIB)

Dato estadístico y sociológico que diferencia el trastorno psiquiátrico de la influencia cultural. A nivel clínico, el Trastorno Narcisista de la Personalidad (TNP) afecta solo a entre un 1% y un 6,2% de la población general. Sin embargo, se ha demostrado que el ecosistema socioeconómico empuja a la población sana hacia estos comportamientos. Estudios transculturales recientes (analizando a más de 45.000 personas en más de 50 países) demuestran una correlación directa entre el nivel económico: las sociedades con un mayor Producto Interior Bruto (PIB) y economías competitivas presentan niveles significativamente más altos de rasgos narcisistas y menor empatía afectiva.

Referencia técnica: Chopik, W. J., et al. (2025/2026). Narcissism around the world, Self and Identity. (Estudio transcultural en 53 países que vincula el PIB con mayores índices de narcisismo) / Vater, A., et al. (2018). Does a narcissism epidemic exist in modern western societies? PLOS One. (Demostración de mayor narcisismo grandioso en sociedades de mercado frente a colectivistas) / Twenge, J. M., & Campbell, W. K. (2009). The Narcissism Epidemic. Free Press.

18. Epigenética (y Metilación del ADN)

Rama de la biología que estudia cómo el entorno y el comportamiento modifican la expresión de los genes sin alterar la secuencia del ADN. Explica cómo el trauma temprano, la sobreprotección o el estrés crónico alteran físicamente el desarrollo neuronal (mediante procesos como la metilación). Demuestra científicamente que el entorno y el trato que recibimos moldean nuestra biología, pudiendo incluso transmitirse a futuras generaciones.

Referencia técnica: Szyf, M., Weaver, I. C., Champagne, F. A., Diorio, J., & Meaney, M. J. (2005). Maternal programming of steroid receptor expression and phenotype through DNA methylation. Frontiers in Neuroendocrinology.

19. Supervivencia

Es el estado biológico primario en el que el organismo prioriza la defensa inmediata por encima del desarrollo y la conexión a largo plazo. Según

Spinoza, sobrevivir no equivale a existir en plenitud, el *conatus* busca expandirse y encontrar alegría, pero el trauma lo reduce a la mera contención de amenazas.

Médicamente, este estado perpetuo de alarma genera una elevada "Carga Alostática": un desgaste medible en el sistema neuroendocrino y cardiovascular debido a la segregación de cortisol y adrenalina. Despatologizar el narcisismo implica comprender que la persona es rehén de una fisiología de supervivencia que está deteriorando su salud celular, lo que subraya la urgencia de trasladar su sistema nervioso desde la supervivencia instintiva hacia la estabilidad afectiva.

20. Sistema Nervioso Autónomo (Estado de Alerta Crónica)

El sistema biológico que regula las respuestas involuntarias. Las personas atrapadas en dinámicas de grandiosidad o victimismo viven con una hiperactivación de la rama simpática (encargada de la respuesta de lucha o huida). Esto explica el agotamiento físico y neurológico que sufren, ya que su biología percibe las interacciones sociales ordinarias como amenazas constantes a su supervivencia.

Referencia técnica: Porges, S. W. (2011). The Polyvagal Theory: Neurophysiological Foundations of Emotions, Attachment, Communication, and Self-regulation. W. W. Norton & Company.

21. Procesamiento Cognitivo-Perceptivo

Redes neuronales y vías sinápticas encargadas de decodificar e integrar los estímulos sensoriales y sociales. En trastornos de la personalidad vinculados al trauma o a fallos en el apego temprano, se observan anomalías funcionales en áreas de integración (como la ínsula anterior y la corteza prefrontal ventromedial), provocando que estímulos neutros o de afiliación interpersonal se decodifiquen erróneamente como amenazas a la integridad del individuo.

Referencia técnica: Lanius, R. A., et al. (2010). Emotion modulation in PTSD: Clinical and neurobiological evidence for a dissociative subtype. American Journal of Psychiatry, 167(6), 640-647.

22. Ínsula anterior.

Región neuroanatómica fundamental para la autoconciencia y la empatía afectiva. Investigaciones neurocientíficas mediante resonancia magnética funcional (fMRI) han revelado que esta área cerebral presenta anomalías y una menor densidad de materia gris en personas con un alto grado de narcisismo patológico. Este dato empírico resulta clave en la práctica porque explica a nivel orgánico la gran dificultad de estas personas para conectar genuinamente con el sufrimiento ajeno, evidenciando que su desconexión obedece a una carencia estructural. Para el entorno de la persona afectada, comprender esta evidencia es terapéutico, ya que ayuda a desarticular el "complejo del salvador" al aceptar, con base científica, que el afecto no puede curar por sí solo un déficit neurológico.

Referencia técnica: Schulze, L., Dziobek, I., Vater, A., Heekeren, H. R., Bajbouj, M., Renneberg, B., ... & Roepke, S. (2013). *Gray matter abnormalities in patients with narcissistic personality disorder.* Journal of Psychiatric Research, 47(10), 1363-1369. (Estudio neurocientífico histórico que demuestra mediante fMRI la menor densidad de materia gris en la ínsula anterior izquierda en pacientes con TNP, vinculándolo directamente al déficit de empatía afectiva).

23. Vacío

Además de una metáfora existencial, el vacío es la consecuencia neurobiológica de un fallo en la Red Neuronal por Defecto (DMN, por sus siglas en inglés), el sistema cerebral encargado de sostener la narrativa autobiográfica continua cuando estamos en reposo. Desde la epistemología de Averroes, el vacío ocurre cuando el "sentido común" rechaza procesar la realidad objetiva por considerarla amenazante, lo que impide que la percepción ensamble un sujeto estable. Al no existir una integración sensorial y afectiva de las propias experiencias, el individuo experimenta su mundo interior como un espacio inerte (la ausencia del *conatus* expansivo), viéndose forzado a buscar estímulos externos constantes para generar actividad neuronal que simule la existencia de una identidad.

24. Miedo / Terror

A nivel neurobiológico, el terror se produce por una activación desmedida de la amígdala cerebral. Bajo la fachada de arrogancia, hipercontrol y soberbia del perfil grandioso, opera un motor impulsado casi por el miedo: pánico al abandono, terror a la humillación y fobia a la vulnerabilidad. Este estado constante de alerta neurofisiológica inunda el cuerpo de cortisol, agota el sistema nervioso y bloquea el acceso a la corteza prefrontal, imposibilitando la conexión humana auténtica. La intervención sobre este comportamiento debe establecer un entorno donde se experimente una seguridad radical, para que la amígdala logre desactivarse y permita el aprendizaje.

25. Amígdala

La amígdala es la estructura cerebral encargada de procesar las reacciones de miedo y la memoria emocional. En el individuo con vulnerabilidad narcisista, la amígdala está hiperactivada. El "secuestro amigdalino" ocurre cuando perciben un límite o una crítica; el cerebro bloquea la corteza prefrontal (la lógica) y reacciona con impulsos puros de supervivencia (ira, devaluación o huida).

Referencia técnica: LeDoux, J. E. (1996). The Emotional Brain. Simon & Schuster. / Goleman, D. (1995). Emotional Intelligence.

26. Dolor / Sufrimiento

El dolor (nocicepción física o dolor social) es la respuesta fisiológica y adaptativa ante la pérdida o el daño tisular/relacional. El sufrimiento es la respuesta cognitiva secundaria (rumiación neurótica, evitación experiencial) generada por la incapacidad del individuo para aceptar la realidad empírica del estímulo aversivo. Este rechazo prolonga la carga alostática sin aportar ninguna función adaptativa al organismo.

Referencia técnica: Eisenberger, N. I. (2012). The pain of social disconnection: examining the shared neural underpinnings of physical and social pain. Nature Reviews Neuroscience, 13(6), 421-434.

27. Máscara

En términos metafóricos y filosóficos, la máscara no es un disfraz social, se refiere a una ficción afectiva generada por lo que Spinoza y Averroes denominaban la "Imaginación" (el conocimiento confuso y mutilado basado en el miedo, opuesto a la Razón). En la terapia de esquemas moderna, esta máscara equivale a un esquema de "Sobrecompensación", que funciona como una red neuronal hipertrofiada que el cerebro desarrolla en la infancia para silenciar esquemas subyacentes de privación emocional o defectuosidad. Esta hipercompensación bloquea la neuroplasticidad, ya que el individuo queda neurológicamente limitado en la defensa de una imagen ilusoria (la grandiosidad), impidiendo que el cerebro procese nueva información contradictoria o empírica que podría cambiar el comportamiento neurológico original.

28. Defensa(s) (Mecanismos de supervivencia)

Los mecanismos de defensa son procesos psicológicos automáticos y subcorticales que el cerebro utiliza para proteger la fragilidad de la identidad frente a una angustia. Patológicamente, defensas como la proyección (culpar al otro del defecto propio), la devaluación y la luz de gas (*gaslighting*) funcionan como un comportamiento que bloquea el aprendizaje. Flexibilizar estas defensas es el principal desafío terapéutico, puesto que la persona, dominada por su instinto de supervivencia, puede decodificar la intervención como una amenaza grave a su integridad.

Referencia técnica: Vaillant, G. E. (1992). *Ego Mechanisms of Defense: A Guide for Clinicians and Researchers.* American Psychiatric Pub. (Clasificación de las defensas inmaduras como la proyección y la negación, pilares del comportamiento narcisista).

29. Escisión Psicológica (Splitting)

Mecanismo de defensa primario, muy común en los trastornos de personalidad, que consiste en la incapacidad de integrar las cualidades positivas y negativas de una misma persona o situación. La mente escinde la realidad en términos absolutos: el otro es "perfecto e idealizado" o "totalmente inútil y devaluado", sin existir un término medio tolerable.

Referencia técnica: Kernberg, O. F. (1975). Borderline Conditions and Pathological Narcissism. Jason Aronson.

30. Atención

En el condicionamiento conductual aplicado a la patología relacional, la atención es el "suministro" vital que alimenta al falso yo. Actúa sobre el circuito de recompensa dopaminérgico del cerebro con la misma intensidad química que una sustancia estupefaciente. El individuo necesita extraer atención constante de su entorno —ya sea mediante admiración, drama, conflicto o miedo— para recibir la confirmación de que existe. Retirar este suministro mediante técnicas de neutralidad emocional (como el método de la "piedra gris") provoca en el agresor un consecuente síndrome de abstinencia, obligándole a enfrentar su propio vacío.

31. Validación

La validación es el refuerzo positivo externo que sostiene la arquitectura de una autoestima dañada. En la estructura patológica, a diferencia del deseo humano de conexión recíproca, la adicción a la validación convierte a las otras personas en meros instrumentos u objetos de regulación emocional. El sujeto exige que el entorno certifique su narrativa distorsionada de la realidad. La independencia psicológica consiste en trasladar este locus de control hacia el interior del sujeto, reestructurando su comportamiento para que logre sostener su propio valor intrínseco sin impedir la intimidad de sus vínculos.

PARTE 3: El Proceso de Intervención y el cambio Social.

32. Intervención

Este abordaje del comportamiento humano fusiona la epistemología averroísta, la física matemática de las emociones de Spinoza y la neurobiología del trauma. Su objetivo no es el alivio sintomático, sino la reestructuración de la representación perceptiva del individuo. Consiste en un espacio de confrontación empática donde se desmantelan las defensas de una personalidad desregulada mediante el uso de la evidencia y la realidad objetiva, permitiendo que el procesamiento aprendido de lo percibido acepte el dolor y reoriente el instinto de supervivencia hacia conexiones sociales auténticas y recíprocas.

33. Cliente o persona. (Sujeto en intervención)

En el marco de este abordaje del comportamiento, el individuo no es concebido como un ente pasivo receptor, sino como el agente activo de su propia reconstrucción perceptiva. Es un organismo cuyo sistema nervioso y de percepción se encuentra impedido por mecanismos de supervivencia. El éxito de la intervención exige que el sujeto asuma la responsabilidad de cuestionar sus distorsiones cognitivas, permitiendo el proceso de aceptar y adaptar las creencias sobre sí mismo, para poder reordenar su identidad basándose en el aprendizaje empírico y no en la evitación del dolor.

34. Evidencia / Empírico

La evidencia empírica constituye la base sobre la cual se sustenta la reestructuración del comportamiento. Ante la distorsión cognitiva, el autoengaño y la luz de gas característica de los trastornos de la personalidad, los datos conductuales demostrables actúan como evidencia de la realidad. El abordaje requiere someter las creencias del individuo a una reflexión basada en los hechos comprobables del entorno, impidiendo que el pensamiento mágico o las justificaciones manipuladoras sigan promocionando el comportamiento problema. La evidencia es el antídoto contra la ficción que el ego construye para protegerse.

35. Neuroplasticidad

La neuroplasticidad es la capacidad biológica del sistema nervioso para cambiar su estructura y funcionamiento a lo largo de la vida en respuesta al entorno y al aprendizaje consciente. Representa el fundamento biológico que avala y justifica la posibilidad de cambio positivo en las alteraciones graves del comportamiento, siendo la base lógica epistemológica y científica que da esperanza a la terapia. A través de ella, se demuestra que el cerebro adulto posee la capacidad estructural de crear nuevas vías sinápticas y modificar redes neuronales previamente solidificadas por el trauma, destruyendo así el mito del determinismo psiquiátrico. Si el entorno de intervención proporciona la seguridad empírica suficiente para desactivar la reactividad de la amígdala, la percepción puede reescribir sus formas defensivas, transformando patrones de hipervigilancia en apertura emocional y, desactivando los antiguos mecanismos de defensa mediante el esfuerzo terapéutico y la asunción de la verdad.

Referencias técnicas:

Schwartz, J. M., & Begley, S. (2002). The Mind and the Brain: Neuroplasticity and the Power of Mental Force. Harper Perennial. (Fundamento sobre cómo el esfuerzo consciente y la asunción de la verdad permiten la creación de nuevas vías neuronales).

Doidge, N. (2007). The Brain That Changes Itself: Stories of Personal Triumph from the Frontiers of Brain Science. Viking Press. (Documentación extensa sobre la capacidad estructural del cerebro adulto para reconfigurar sus redes sinápticas tras el trauma).

36. Sentimiento(s)

Desde una perspectiva neurofisiológica, los sentimientos conforman el puente estructural entre la experiencia somática individual y la fricción del ecosistema social. No son reacciones, sino decodificaciones complejas que el cerebro realiza sobre las alteraciones del estado corporal en interacción con la alteridad. En la patología, los sentimientos se encuentran atrofiados o falsificados para servir al yo. El proceso de cambio positivo estructura un mapa evolutivo donde el sujeto aprende a procesar afectos primarios hasta alcanzar estadios superiores de conexión social y estabilidad relacional.

37. Vergüenza

Es una emoción autoconsciente disruptiva en el comportamiento narcisista. A nivel neurofisiológico, respaldado por la Teoría Polivagal, la vergüenza no activa la respuesta de "lucha o huida", sino que provoca un colapso del sistema parasimpático dorsal (la inmovilización o "muerte fingida"). Para un cerebro que asocia el rechazo social con un fallo biológico, sentir vergüenza equivale a un descenso drástico del *conatus*: una parálisis del impulso de vida. Por ello, la estructura narcisista invierte un esfuerzo cognitivo mantenido en evitarla mediante la proyección o la ira. Cambiar implica que la persona tolere la activación de este circuito de apagado somático en un entorno terapéutico seguro, acostumbrando a su sistema nervioso mediante la exposición de su vulnerabilidad, a reproducir cambios adaptativos compensatorios compatibles con la supervivencia.

Referencia técnica: Kohut, H. (1971). *The Analysis of the Self.* International Universities Press. (Aborda la "vergüenza narcisista" como el núcleo de la herida) / Brown, B. (2012). *Daring Greatly.* Gotham Books. (Investigación sociológica y cualitativa sobre la vulnerabilidad como condición *sine qua non* para la intimidad).

38. Límite(s)

En la dinámica del comportamiento relacional, el límite como herramienta de contención es un acto de supervivencia básico. No constituye un ataque ni un castigo hacia el otro, sino la definición objetiva de la frontera de la propia identidad dentro de la relación. Para las víctimas de abuso, el límite es el escudo protector que frena el drenaje del suministro emocional, para el sujeto con comportamiento narcisista, enfrentarse a un límite es el principal estímulo con capacidad de alterar su comportamiento y cambiar sus creencias, lo obliga a reconocer la existencia de una realidad externa que no puede ser subyugada.

39. Vulnerabilidad

La vulnerabilidad es el estado neurológico de apertura sin defensas y la condición indispensable para cualquier intimidad real. En un procesamiento perceptivo alterado por el trauma temprano, la vulnerabilidad se decodifica como un riesgo inminente, activando la respuesta reactiva. Adaptarse al entorno afectivo social implica reeducar al sistema nervioso para que tolere la exposición de las propias carencias sin disociarse ni atacar, asumiendo el aprendizaje biológico del comportamiento, consistente en las reflexiones realizadas de forma lógica y coherente sobre sus afectos.

Referencia técnica: Kohut, H. (1971). *The Analysis of the Self.* International

Universities Press. (Aborda la "vergüenza narcisista" como el núcleo de la herida) / Brown, B. (2012). *Daring Greatly.* Gotham Books. (Investigación sociológica y cualitativa sobre la vulnerabilidad como condición *sine qua non* para la intimidad).

40. Empatía (Cognitiva vs. Afectiva)

Es indispensable realizar una disección neurocientífica entre las dos vertientes fundamentales de la empatía para comprender la estructura del componente narcisista. La empatía cognitiva (o teoría de la mente) es la capacidad intelectual de comprender y predecir los pensamientos o necesidades ajenas, consiste en una habilidad que la estructura narcisista conserva intacta y que a menudo aparece hipertrofiada en el perfil manipulador y es utilizada de forma táctica en las relaciones. Por el contrario, la empatía afectiva —localizada en estructuras orgánicas como la ínsula anterior— es la imitación biológica y somática que nos permite sentir el dolor o la alegría del prójimo como propios. En la patología narcisista, esta última se encuentra bloqueada o atrofiada. La intervención terapéutica busca activar estas vías afectivas latentes, trasladando al sujeto de la mera comprensión intelectual a la compasión afectiva o genuina.

Referencia técnica: Shamay-Tsoory, S. G. (2011). *The neural bases for empathy.* The Neuroscientist, 17(1), 18-24. (Investigación clave que disocia anatómicamente los circuitos cerebrales de la empatía cognitiva de los de la empatía afectiva, fundamental para entender la desconexión emocional en trastornos de la personalidad).

41. Relación(es) / Vínculo(s)

El vínculo relacional es el laboratorio empírico y el espacio definitivo de prueba para cualquier reestructuración del comportamiento afectivo social. El comportamiento narcisista no existe en el vacío, sino que se manifiesta y se alimenta parasitando la red de relaciones sociales del individuo. Por tanto, el cambio positivo no se demuestra en el aislamiento de la meditación solitaria ni en la teoría, sino en la capacidad neurobiológica de mantener la regulación emocional frente a la fricción constante que supone convivir con la alteridad, sin intentar devaluar o poseer a la otra persona.

42. Amor / Amar

El amor maduro exige ser afectado por el otro sin el sentimiento mediado por un interés personal. El "bombardeo de amor" inicial en las relaciones abusivas no es amor, sino una estrategia obsesiva e idealizada que consiste en la infiltración y recolección de comportamientos, con el deseo de asegurar el suministro. El acto humano de amar, despojado de proyecciones, es el reconocimiento de la independencia ontológica del otro. Implica el compromiso activo de fomentar el crecimiento y la potencia personal de la persona amada, tolerando sus diferencias sin decodificar los comportamientos como una amenaza de abandono asociada con la propia identidad.

43. Tristeza / Triste

Afecto primario definido por la filosofía spinoziana como la transición del organismo a un estado de menor perfección o potencia de existir. Biológicamente, se correlaciona con la reducción de los recursos adaptativos, el aumento del estrés sistémico y la inhibición conductual. Las actitudes defensivas de devaluación y arrogancia son, epistemológicamente, subproductos compensatorios de este afecto inhibitorio.

Referencia técnica: Spinoza, B. (1677). *Ética*, Parte III, Definición 3 de los Afectos.

44. Alegría

Afecto primario definido por Spinoza como la transición del organismo hacia una mayor perfección y el consecuente aumento de su potencia de actuar. En psicobiología, corresponde a estados de alta integración neurocognitiva, regulación autonómica parasimpática (vagal ventral) y conductas de aproximación pro-social. Clínicamente, no equivale a la excitación dopaminérgica derivada de la validación externa, sino a la regulación de la homeostasis.

Referencia técnica: Spinoza, B. (1677). *Ética*, Parte III, Definición 2 de los Afectos. / Porges, S. W. (2011). The Polyvagal Theory.

45. Conocimiento familiar

Considerado como el cuarto sentimiento en el mapa evolutivo del modelo, el conocimiento familiar es la capacidad neuropsicológica de generar intimidad y compartir el espacio vulnerable con el otro. Trasciende la mera acumulación de datos biográficos, y hace de puente que permite que dos seres humanos desactiven sus sistemas de alarma y revelen sus defectos, informándose mutuamente sobre su propio autoconocimiento. Para la estructura patológica, alcanzar este estadio requiere atravesar el terror de perder el control de la narrativa, aceptando ser visto y evaluado en su humanidad más ordinaria y falible.

46. Intimidad

Proceso interpersonal mediante el cual los individuos comunican sus estados internos, vulnerabilidades y afectos en un entorno libre de amenaza. Neurobiológicamente, consiste en un estado de co-regulación donde dos sistemas nerviosos autónomos sincronizan su respuesta parasimpática. Su consecución exige el desmantelamiento de las defensas proyectivas y requiere que el sujeto tolere la exposición de su propia falibilidad ante la evaluación del otro sin experimentar desregulación. En este libro las experiencias de intimidad crean conocimiento familiar.

Referencia técnica: Reis, H. T., & Shaver, P. (1988). Intimacy as an interpersonal process. In S. Duck (Ed.), Handbook of personal relationships (pp. 367-389). John Wiley & Sons.

47. Estabilidad de los afectos

Consolidado como el quinto sentimiento evolutivo, representa el sustento emocional del sujeto en estado de reposo. Consiste en la constancia objetal: la madurez neurológica para tolerar la distancia física, el silencio o el desacuerdo de la persona con intimidad sin que neurológicamente se traduzca como un riesgo. La persona con dificultades narcisistas carece de esta estabilidad, en cambio oscila entre la idealización y la devaluación. Alcanzar la estabilidad afectiva otorga al individuo soberanía sobre su comportamiento, permitiéndole elegir comportamientos alternativos a la reactividad.

Referencia técnica: Mahler, M. S., Pine, F., & Bergman, A. (1975). *The Psychological Birth of the Human Infant*. Basic Books. (Estudio clásico del desarrollo sobre la adquisición de la constancia objetal y la capacidad para tolerar la separación y la frustración afectiva sin desregulación).

48. Conocimiento experto

El sexto sentimiento, el conocimiento experto; no es la fría erudición intelectual o académica, sino la capacidad excepcional de integrar las contradicciones humanas, admirar el éxito ajeno sin envidia y habitar la ambigüedad del mundo sin recurrir a mecanismos de defensa. Es el estado donde el concepto biológico de *conatus* se expande, logrando la libertad de quien ya no necesita someter la realidad ni ganar discusiones para saber qué existe. Representa la invulnerabilidad pacífica nacida de la aceptación curiosa de nuestra naturaleza.

ÉTICA

www.ingramcontent.com/pod-product-compliance
Lightning Source LLC
LaVergne TN
LVHW050857051026
849532LV00006BA/2282